건강하고 예뻐지는 증상별 맞춤 주스

생생 비타민 주스

Prologue

건강을 생각한다면 매일 아침 생주스 한 잔

아침에 일어나 시원하게 마시는 주스 한 잔이 우리의 몸과 마음을 상쾌하게 만들어줍니다. 몸에 좋은 과일과 야채를 직접 갈아 만들기 때문에 살아 있는 영양을 섭취할 수 있답니다. 신선한 야채와 새콤달콤한 과일을 그대로 먹는 것도 좋지만 주스를 만들어 마시면 마시기 간편하고 흡수가 빨라 영양을 더욱 효과적으로 섭취할 수 있습니다. 과일이나 야채는 섬유질과 비타민 C가 어떤 식품보다 풍부하며, 비타민 A · B와 칼슘, 칼륨, 철분 등의 미네랄이 많이 들어 있어 미용식이나 건강식으로 이보다 더 좋은 것이 없답니다. 새콤한 맛이 나는 과일에는 각종 유기산이 풍부해 우리 몸을 젊고 활기차게 만들어줍니다. 그뿐만 아니라 몸속 노폐물을 정화시키고, 신진대사를 원활하게 하며, 면역기능을 강화시켜 병에 잘 걸리지 않는 튼튼한 체질로 만들어줍니다. 소중한 나, 사랑하는 가족의 건강을 위해 야채나 과일로 주스를 만들어주세요. 매일 아침 신선한 주스 한 잔으로 하루를 시작해보세요. 1년 365일 젊고 건강한 나날을 보낼 수 있답니다.

Contents

part 1 내 몸을 살리는 건강주스

16 **감기**
귤 주스 / 배 주스 / 레몬 생강 주스 / 유자 주스

20 **기관지 천식**
배 연근 주스 / 도라지 배 주스 / 살구 주스

22 **고혈압 · 동맥경화**
솔잎 주스 / 오이 당근 비트 주스 / 아스파라거스 주스 / 멜론 키위 주스

24 **저혈압**
미나리 당근 주스 / 인삼 주스 / 연근 당근 주스 / 가시오갈피 냉차

26 **두통**
매실 사프란 주스 / 두릅 요구르트 주스 / 천마 우유 주스

28 **암 예방**
브로콜리 주스 / 무 연근 주스 / 브로콜리 토마토 주스 / 생고구마 주스

32 **당뇨병**
양파 주스 / 완두콩 주스 / 호박 주스

34 **소화불량**
무 주스 / 파인애플 주스 / 마 주스

36 **입 · 코 염증**
호박 당근 주스 / 아보카도 브로콜리 주스 / 호박 케일 주스

38 **눈 떨림증**
시금치 요구르트 주스 / 해바라기씨 두유 / 다시마 현미 드링크

40 **부종**
팥 검은콩 두유 / 배즙 대추 냉차 / 호박 주스 / 수박 주스

44 **신경통 · 관절염**
솔잎 주스 / 알로에 주스 / 두릅 주스

46 **노화**
토마토 감자 주스 / 파프리카 요구르트 주스 / 브로콜리 양배추 주스

48 **기억력 감퇴**
로즈메리 당근 주스 / 오미자 주스 / 현미 인삼 주스

50 **땀(다한증)**
매실 레몬 스쿼시 / 칡 주스

52 **탈모**
녹차 라테 / 표고버섯 다시마 두유 / 사과 포도 주스

part 2

여성을 위한 미용주스

60 **기미 · 주근깨**

레몬 주스 / 딸기 주스 / 파인애플 파파야 주스 / 오렌지 주스

64 **잔주름 · 피부 노화**

복숭아 주스 / 망고 주스 / 아보카도 우유 스무디

66 **미백**

딸기 주스 / 오렌지 주스 / 파파야 오이 주스 / 파프리카 키위 주스

68 **여드름**

알로에 주스 / 멜론 우유 주스 / 오이 무 주스

70 **불면증**

상추 민트 주스 / 차조기 주스 / 셀러리 브랜디

72 **변비**

당근 요구르트 주스 / 멜론 우유 주스 / 사과 요구르트 주스 / 고구마 라테

74 **비만 · 다이어트**

오이 멜론 주스 / 양배추 주스 / 셀러리 토마토 주스 / 오이 토마토 주스

78 **빈혈**

호박 라테 / 미나리 당근 주스 / 시금치 당근 주스 / 자두 주스

80 **생리불순 · 생리통**

솔잎 주스 / 부추 당근 주스 / 쑥 주스 / 당귀 검은콩 두유

82 **냉증**

미나리 포도 주스 / 쑥 브랜디 핫 드링크 / 생강 계피 주스

84 **골다공증**

자두 주스 / 시금치 키위 주스 / 양상추 우유 주스

86 **갱년기 장애**

석류 주스 / 석류 요구르트 주스 / 연근 검은콩 두유

기초 중의 기초

야채 · 과일주스 만들기 10

아침 · 점심 · 저녁 주스 12

알아두세요

야채주스의 영양과 효능 54

과일주스의 영양과 효능 88

건강 체질을 만들어주는 한방차 118

체질별 건강주스 142

part 3 사랑하는 남편을 위한 활력충전 주스

94 **만성피로**

인삼 주스 / 아스파라거스 주스 / 레몬 사과 주스 / 매실 사과 주스 / 포도 주스

98 **스태미나 강화**

마늘 요구르트 주스 / 산마 인삼 주스 / 산딸기 주스 / 산수유 주스

100 **간 기능 개선**

신선초 셀러리 주스 / 돌나물 당근 주스 / 시금치 감 주스

102 **숙취 해소**

토마토 수박 주스 / 멜론 주스 / 감 주스 / 칡 주스

104 **과민성 대장**

사과 주스 / 연근 당근 주스 / 시금치 바나나 주스 / 따뜻한 매실 음료

106 **스트레스 해소**

파인애플 망고 스무디 / 피망 토마토 주스 / 대추 우유 주스 / 연근 요구르트 주스

110 **눈의 피로**

블루베리 주스 / 피망 주스 / 결명자 참깨 주스 / 케일 주스

112 **속 쓰림 · 위궤양**

무 양배추 주스 / 바나나 요구르트 주스 / 양배추 감자 주스 / 알로에 주스

114 **식욕 감퇴**

쑥갓 주스 / 매실 레몬 스쿼시 / 키위 주스

116 **전립선 질환**

토마토 주스 / 파파야 주스 / 구운 마늘 드링크

천식 환자의 생활 수칙 21
두통이 있을 때의 식이요법 27
당뇨병 환자를 위한 10가지 식사지침 33
당뇨병의 10가지 위험 신호 33
위의 상태를 개선하는 식사와 생활 35
입속 염증을 예방하는 생활 요령 36
이런 사람, 마그네슘 부족 조심하자 39
관절염 통증 완화 10가지 수칙 45
노화를 억제하는 생활습관 47
생활 속에서 건망증 줄이기 49

part 4 소중한 내 아이를 위한 영양만점 주스

124 **체력 강화**

마 주스 / 수삼 냉 두유 / 브로콜리 양배추 주스 / 호박 라테

128 **성장 촉진**

바나나 파인애플 주스 / 아보카도 우유 스무디 / 밤 고구마 주스

130 **두뇌 발달**

아보카도 참깨 우유 / 호두 검은콩 두유 / 현미 인삼 주스

132 **집중력 향상**

대추 우유 주스 / 당귀 검은콩 두유 / 로즈메리 당근 주스

134 **아토피 개선**

감자 주스 / 삼백초 달인 음료 / 상추 주스

136 **정서 안정**

파인애플 셰이크 / 배즙 대추 냉차 / 레몬 사과 주스 / 셀러리 당근 주스

138 **시력 보호**

결명자 참깨 주스 / 피망 토마토 당근 주스 / 블루베리 주스

140 **비만 방지**

고구마 라테 / 팥 검은콩 두유 / 멜론 요구르트 주스

땀을 다스리는 민간요법 50
이런 경우 다한증을 의심해보자 51
탈모 예방에 좋은 식품 & 나쁜 식품 52
피부를 젊게 가꾸는 비결 65
여드름에 관한 오해와 진실 69
불면증을 개선하는 생활 가이드 70
수족냉증을 물리치는 방법 83
뼈를 튼튼히 하는 영양 관리법 84
갱년기를 슬기롭게 보내려면 87
간을 보호하는 생활수칙 101
식욕을 좋게 하는 식습관 & 생활습관 115
전립선 질환의 여러 가지 증상 116
우리 아이 성장지수는 얼마나 될까? 129
두뇌 발달에 도움 되는 영양 섭취법 131
집중력을 키우는 생활수칙 133
아토피 질환 예방수칙 135
근시를 예방하는 생활습관 138
소아비만의 식이요법 141

맛과 영양을 그대로~ 야채·과일주스 만들기

신선한 생주스를 만들기 위해서는 좋은 재료를 선택하는 것이 중요하다. 그 다음 불순물이 남아 있지 않도록 물에 깨끗이 씻고 손질한 후 믹서에 갈면 상큼 신선한 야채 · 과일주스가 완성된다. 생주스는 재료를 그대로 갈아서 만드는 것이므로 더욱 세심한 손질이 필요하다.

신선한 재료 고르기

야채주스에서 가장 중요한 것은 재료 선택이다. 신선한 야채는 비타민과 미네랄, 특히 칼슘과 철분이 풍부해 식생활의 불균형을 잡아준다. 신선하고 맛있는 과일주스를 만들기 위해서는 제대로 된 과일을 고르는 게 기본. 모든 과일은 색깔이 선명하고 과육이 탄력 있으며, 껍질에 흠집이 없고 윤기가 흐르는 것이 좋다.

깨끗하게 씻기

재료를 선택했다면 시든 부분이나 잡티를 제거하고 수도꼭지를 틀어 놓고 흐르는 물에 깨끗이 씻는다. 야채의 잎에 붙어 있는 세균이 염려된다면 식초 몇 방울을 떨어뜨린 후 10분 정도 담갔다가 건진다. 오이처럼 껍질째 사용하는 야채는 손에 소금을 쥐고 위아래로 훑듯이 문질러 더러운 것을 씻어낸다. 바나나와 수박, 감, 멜론 등은 껍질을 벗기고 믹서에 갈면 되지만 딸기나 살구, 포도, 토마토 등 껍질째 가는 과일은 이물질 없이 깨끗이 씻는 게 중요하다. 과일은 특히 꼭지 부위에 농약이 남아 있을 수 있으므로 흐르는 물에 여러 번 헹궈낸다. 간혹 포도 껍질에 묻어 있는 흰색 가루를 씻기 위해 포도알을 세게 문지르는 경우가 있는데, 이는 포도의 당분이 껍질에 새어 나온 것이므로 흐르는 물에 몇 번 헹구기만 하면 된다.

껍질째 사용하는 과일은 식초를 ½큰술 정도 탄 물이나 숯가루 1큰술을 탄 물에 5~10분 정도 담가 농약 성분을 제거하는 것이 좋다. 딸기는 오래 담가 두면 물러지므로 식촛물에 살짝 헹궈내는 정도로 씻는다. 믹서기나 녹즙기도 깨끗이 씻어서 물기를 뺀 후 사용한다.

손질하기

껍질과 이물질을 모두 제거했다면 믹서에 넣기 편하도록 알맞게 손질한다. 오이, 당근과 같이 길쭉한 야채는 적당한 크기로 썰고, 케일이나 상추 같이 잎이 큰 야채는 손으로 뜯거나 칼로 적당하게 썬다. 브로콜리, 파슬리는 작은 송이로 나누고, 감자와 고구마 같이 단단한 야채는 조금 작게 썰어야 믹서에 넣고 갈기가 편하다. 씨가 있는 과일은 씨를 제거하고 덩치가 큰 과일은 적당한 크기로 자른다. 바나나는 보통 2~3등분으로, 사과나 배, 감 등 가운데 씨가 있는 과일은 꼭지를 중심으로 4등분으로 나눈 후 씨를 제거한다. 딸기는 처음부터 꼭지를 떼서 씻지 말고 모든 손질을 끝낸 후 먹기 직전에 꼭지를 떼야 영양 손실이 적다.

믹서에 갈기

모든 손질이 끝났다면 믹서에 넣고 갈면 된다. 야채는 갈고 나면 영양 파괴가 빨라지므로 짧은 시간 안에 갈아서 바로 마신다. 걸쭉한 건더기 없이 맑은 생즙만을 받으려면 녹즙기를 사용해도 되지만, 믹서에 갈면 섬유질을 그대로 섭취할 수 있어 좋다. 주스를 만들 때 너무 많은 야채를 한꺼번에 갈면 영양이 파괴되기 쉬우므로 3~4가지 정도만 섞는 게 가장 좋다.
예를 들면 케일, 미나리 같은 맛이 강한 채소는 부드러운 맛을 내는 오이나 양배추 등과 함께 갈아야 위에 부담이 적고 소화가 잘 된다. 과일의 경우 과육이 단단한 것은 조금 오래, 부드러운 과일은 짧게 갈도록 한다. 단감이나 아보카도와 같이 수분이 적은 과일을 갈 때는 물이나 우유를 넣고 갈면 좋고, 딸기나 멜론, 바나나 같은 과일은 우유나 두유를 넣으면 궁합이 맞아 영양이 보충되고 맛도 훨씬 부드러워진다. 포도는 껍질째 갈았다면 먹기 직전 거즈에 한 번 걸러준다.

컵에 담아 마시기

케일이나 신선초처럼 다소 쓴맛이 나는 야채는 마시기 전에 레몬즙을 첨가하면 한결 낫다. 녹즙은 바로 마셔야 효과가 좋으므로 믹서나 녹즙기로 즙을 낸 후 바로 잔에 따라 마신다. 과일은 갈아 놓으면 색이 갈변하는 것이 있으므로 갈아서 바로 마시는 것이 좋다. 갈아서 바로 마셔야 맛도 좋고 영양가도 떨어지지 않는다. 과일의 영양소 파괴를 줄이려면 물 대신 얼음을 넣고 가는 게 좋다. 차가운 얼음이 영양소 파괴를 줄여주고 맛도 한층 좋아진다. 마지막에 레몬즙을 한두 방울 떨이뜨리면 맛이 디욱 상큼하다.

남은 야채 · 과일 보관하기

야채는 물에 씻지 말고 다듬은 채로 비닐이나 신문지에 싸서 보관한다. 씻은 것은 쉽게 물러지기 때문이다. 당근이나 감자 등 오래 보관해야 하는 것은 흙이 묻은 채로 신문지에 싸서 어둡고 서늘한 곳에 둔다. 손질하고 남은 것은 위생봉지에 싸서 냉장고 야채실에 보관한다. 과일이 남았을 경우에는 잘게 썰어 물, 설탕과 함께 살짝 삶아서 으깨어 잼이나 마멀레이드를 만든다. 특히 과일이 약간 덜 익었거나 단맛이 덜해 맛이 없을 때 이렇게 활용하면 좋다. 잼처럼 빵에 발라 먹으면 아이들의 훌륭한 간식거리가 된다.

하루를 생기 있게~ 아침·점심·저녁 주스

아침, 점심, 저녁… 시간대별로 마시는 주스가 따로 있다! 상쾌한 아침을 열어주는 모닝 주스, 머리를 맑게 해 일의 능률을 올려주는 애프터눈 주스, 하루의 피로를 풀어주고 잠이 잘 오게 하는 굿나잇 주스… 하루의 바이오리듬에 맞춘 나만의 주스를 마셔보자.

상쾌한 아침을 열어주는 모닝 주스

피로가 쌓여 몸이 찌뿌드드하고 머리가 맑지 못하다면 비타민과 미네랄이 풍부해 신진대사를 촉진하는 셀러리, 피망, 케일, 양파, 마, 아스파라거스 같은 야채나 비타민 C와 각종 유기산이 몸을 가뿐하게 해주는 매실, 사과, 파인애플, 멜론, 포도, 귤 같은 과일로 주스를 만들어 마시면 좋다.
특히 신맛 나는 과일은 식욕을 촉진해 자연스럽게 아침식사를 할 수 있게 유도한다.
아침 쾌변은 '건강의 척도'라는 말처럼 아침에 시원하게 변을 보고 나면 몸이 가볍고 하루가 상쾌하다. 거의 모든 야채나 과일에는 섬유질이 풍부하게 들어 있어 갈아서 한 잔 마시면 시원하게 변을 볼 수 있다.
그중에서도 펙틴이 풍부한 사과나 포도, 바나나, 키위 등의 과일과 당근, 토마토 등의 야채는 더부룩한 속을 편안하게 해주고 변비를 해소시키는 효과가 크다.
전날 술을 마셔서 머리가 무겁고 갈증이 난다면 토마토와 수박으로 주스를 만들어 마시는 것도 좋다. 감 주스나 칡 주스는 과음으로 시달린 간 기능을 회복시켜주고 숙취를 해소시켜 준다. 당질이 풍부한 마나 고구마를 섞어서 주스를 만들면 아침 대용식으로 무리가 없고 소화도 잘 된다. 마나 고구마 대신 우유나 두유를 섞어 마셔도 속이 든든하다.

아침에 좋은 주스

셀러리 주스, 피망 주스, 양파 주스, 마 주스, 고구마 주스, 케일 주스, 아스파라거스 주스, 키위 주스, 레몬 주스, 매실 주스, 감 주스, 멜론 주스, 사과 주스, 포도 주스

점심에 마시면 좋은 주스

파인애플 주스, 망고 주스, 대추 우유 주스, 피망 주스, 토마토 주스, 연근 요구르트 주스, 블루베리 주스, 오미자 주스, 로즈메리 당근 주스, 당귀 검은콩 두유

머리를 맑게 해주는 애프터눈 주스

점심식사를 마치고 나서 한두 시간쯤 되면 식곤증 때문에 몸이 나른하고 졸음이 쏟아진다. 이럴 때 우리 몸을 깨어나게 하는 주스 한 잔을 마시도록 하자. 머리를 맑게 해서 기억력과 집중력을 강화시키고 뇌 기능을 활성화시키는 야채로는 셀러리가 좋다. 레몬이나 포도, 파인애플같이 유기산이 풍부한 과일도 몸에 활력을 준다. 새콤한 맛의 유기산이 신진대사를 활발하게 해 피로를 풀어주고 머리를 상쾌하게 해준다.

따뜻하게 마시는 한방차도 몸과 마음을 차분하게 안정시켜 일에 집중할 수 있게 해준다. 오미자나 오가피, 계피, 허브차 등에는 뇌파를 자극하는 성분이 있어서 신경을 이완시키고 머리를 맑게 해준다. 특히 집중력과 기억력을 높여주므로 머리를 많이 쓰는 직종에 있는 사람이나 오후에 능률이 안 오르는 사람에게 좋다.

오후가 되면 피로가 몰려오고 일에 대한 부담이 가중되어 신경이 예민해지기 쉽다. 미네랄이 풍부한 야채나 과일은 신경과 근육의 활동을 도와 스트레스로 인한 정신적인 피로를 풀어주는 효과가 있다. 한편 오후 5~6시, 퇴근 무렵이 되면 슬슬 공복감이 밀려오는 시간이다. 늦은 오후에는 공복감을 덜어주면서 원기를 충전시키는 음료를 마시는 것이 좋다. 고구마는 밥보다 칼로리가 적고 위에서 머무는 시간이 길어서 공복감을 줄여주므로 출출한 오후에 간식으로 먹기 알맞다.

피로를 풀어주고 숙면을 유도하는 굿나잇 주스

밤은 하루를 차분히 정리하고 내일의 설계를 하는 시간이다. 신경을 안정시켜주는 효과가 있는 야채 · 과일주스를 마시면서 하루를 마무리해보자. 셀러리와 쑥갓은 독특한 향을 내는 정유 성분이 신경을 안정시키는 효과가 있어 신경을 많이 쓰는 사람, 스트레스를 많이 받는 직종에 종사하는 사람에게 특히 좋다. 과일 중에서는 사과가 심신의 피로를 풀어주고 마음을 차분하게 가라앉히는 데 뛰어난 효과를 발휘한다.

하루의 일과를 마치고 저녁식사를 하고 나면 온몸에 피로가 밀려온다. 낮 동안에 쌓인 몸과 마음의 피로를 풀어주는 야채나 과일로 주스를 만들어 마시면 좋다. 셀러리, 피망 같은 야채와 사과, 레몬, 매실 같은 과일이 피로 해소에 좋다.

사무직에 종사하거나 컴퓨터 모니터를 하루종일 들여다봐야 하는 직업을 가진 사람들은 저녁이 되면 눈이 흐릿하고 침침하며 눈자위가 뻑뻑해지는 증상이 나타난다. 이런 사람들은 눈의 피로를 풀어주고 시력을 보호하는 작용이 있는 카로틴이나 비타민 A가 풍부한 야채로 주스를 만들어 마시면 좋다. 당근, 호박, 시금치 같은 것이 대표적이다. 스트레스에 시달리면 잠이 잘 오지 않는다. 스트레스나 걱정거리가 많아 잠을 잘 못 이루는 경우에는 상추나 연근, 쑥갓처럼 불면증에 효과가 있는 야채로 주스를 만들어 마시면 좋다. 쑥차, 대추차, 차조기차, 귤껍질차 등도 신경을 안정시켜 숙면을 유도하는 효과가 있다. 몸 속까지 따뜻하게 해서 나른하면서 잠이 잘 오게 하는 생강차도 불면증이 있는 사람이 마시면 좋다.

밤에 마시면 좋은 주스

상추 민트 주스, 차조기 주스, 셀러리 주스, 연근 주스, 당근 주스, 쑥갓 주스, 양파 주스, 레몬 사과 주스, 매실 사과 주스, 포도 주스, 살구 주스, 쑥 주스, 매실 사프란 주스

part 1

for Health

내 몸을 살리는 건강주스

감기

충분한 휴식과 새콤한 과일로 면역기능을 높인다

귤 주스

풍부한 비타민 C가 신진대사를 원활하게 하고 피부와 점막을 튼튼하게 해 감기 예방에 효과를 발휘한다. 귤 2개만 먹으면 하루에 필요한 비타민 C를 섭취할 수 있다. 스트레스를 받거나 흡연을 자주 한다면 감기 예방을 위해 더 많은 비타민 C를 섭취하도록 한다.

귤 3개, 물 ⅓컵, 꿀 1큰술

1. 중간 크기의 귤을 준비해 물에 깨끗이 씻은 후 껍질을 벗긴다.
2. 과육을 적당한 크기로 쪼개서 믹서에 넣고 물 ⅓컵과 함께 곱게 간다.
3. 꿀 1큰술을 첨가해 달게 마신다.

배 주스

수분이 풍부하여 갈증을 가라앉히고 가래를 삭이며 기침을 멎게 한다. 기침이나 가래가 오래 갈 때 배를 갈아 마시거나 배에 꿀을 넣고 쪄서 먹으면 효과를 볼 수 있다. 배에는 해열작용도 있어 열에 의한 여러 증세들을 완화시킨다.

92 kcal
비타민 C 27.2mg

배 ½개, 물 ½컵, 레몬 ¼개, 꿀 1큰술

1. 배는 껍질을 벗기고 속을 도려낸 다음 적당한 크기로 자른다.
2. 토막 낸 배를 물 ½컵과 함께 믹서에 간다.
3. 레몬을 즙내어 뿌리고 꿀을 넣어 달게 마신다.

감기

레몬 생강 주스

생강의 매운맛을 내는 진저론과 치네올 성분이 전신을 따뜻하게 해준다. 특히 강한 발한 작용이 있어 땀을 내고 열을 떨어뜨린다. 여기에 비타민 C가 풍부한 레몬을 첨가하면 감기 예방 및 치료 효과가 더욱 높아진다.

+

레몬 1개, 생강 ½쪽 , 물 ⅔컵, 꿀 1큰술

1 레몬은 껍질을 벗기고 쪽을 나눈 후 씨를 뺀다.
2 생강은 껍질을 벗기고 구석구석 흙도 씻어낸 후 물에 깨끗이 헹군다.
3 손질한 레몬과 생강을 물 ⅔컵과 함께 곱게 간 후 꿀 1큰술을 넣어 조금 달게 마신다. 따뜻하게 데워 마셔도 좋다.

유자 주스

120 kcal
비타민 C 210.2mg

유자에는 레몬의 2~3배에 달하는 비타민 C가 들어 있어 감기 치료에 그만이다. 신맛을 내는 구연산이 비타민 C와 함께 작용해 과로로 인한 감기 몸살에 특히 효과를 낸다. 이밖에 히스페리딘 성분이 혈액순환을 촉진시킨다.

유자 1개, 물 1컵, 꿀 1큰술

1. 유자는 솔로 문질러 씻어 식촛물에 30분 정도 담근 후 토막을 낸다.
2. 믹서에 물과 함께 넣고 곱게 간다.
3. 꿀을 넉넉히 넣어 단맛을 낸다. 꿀이나 설탕에 재어 놓은 유자청 1큰술에 뜨거운 물 1컵을 부어 마셔도 좋다.

기관지 천식

술 · 담배 금하고 음식은 적게

배 연근 주스

계속되는 기침으로 목이 아플 때 연근과 배를 갈아서 마시면 좋다. 배는 목의 염증을 가라앉히고 가래를 삭여주며, 연근은 기침을 멈추게 한다. 목을 진정시키기 위해서는 따뜻하게 데워 마셔도 좋다.

+

68 kcal
비타민 C 2mg
식이섬유 0.9g

연근 50g, 배 ½개, 꿀 1큰술

1 연근은 껍질을 벗기고 홈 사이사이를 깨끗이 씻어 적당한 크기로 자른다.
2 배는 껍질을 벗기고 속을 파낸 뒤 적당한 크기로 잘라 연근과 함께 믹서에 곱게 간다.
3 꿀을 넣어 달착지근하게 해서 마신다.

도라지 배 주스

도라지에는 풀라틱코딘, 사포닌 같은 성분이 있는데 이 성분에 항염증작용, 거담작용, 진해작용이 있어서 천식을 완화시킨다. 도라지 분말을 물에 타 먹거나, 기관지에 좋은 배와 함께 갈아서 마시면 효과가 있다.

+

167 kcal
비타민 C 18.24mg

도라지 100g, 배 ½개, 물 ⅓컵, 꿀 1큰술

1 도라지는 칼로 긁어 껍질을 벗긴 뒤 물에 깨끗이 헹군다.
2 배는 껍질을 벗기고 속을 도려낸다.
3 도라지와 배를 적당한 크기로 자른 뒤 믹서에 물과 함께 곱게 갈아 꿀을 타서 마신다. 따뜻하게 데워 마셔도 좋다.

살구 주스

살구는 가래를 없애주고 천식을 가라앉히는 것으로 유명한데, 특히 살구씨는 '행인'이라고 해서 한방에서 진해 · 거담제로 많이 쓰인다. 그밖에도 각종 유기산과 칼슘, 칼륨 등의 미네랄이 피로를 풀어주는 효과가 있다.

99 kcal
비타민 A 119RE
비타민 C 2mg

살구 4개, 요구르트 ½컵

1 주황색으로 잘 익은 살구와 요구르트 1개를 준비한다.
2 살구는 깨끗이 씻어 식촛물이나 숯가루를 탄 물에 10분 정도 담가 농약 성분을 제거한 다음 씨를 빼고 과육만 도려낸다.
3 믹서에 살구 과육과 요구르트를 함께 넣고 곱게 간다.

천식 환자의 생활수칙

집 먼지 진드기를 차단하라

집 안의 먼지가 천식에는 가장 큰 적이다. 먼지에 서식하는 진드기가 알레르기를 일으키고 천식을 악화시킨다. 집 안에 먼지가 쌓이지 않도록 자주 스팀청소기로 청소를 하고 이불이나 빨래 등을 햇볕에 자주 말리면 진드기를 어느 정도 막을 수 있다.

배기가스를 피하고 금연은 필수

좋지 않은 환경은 천식 환자에게는 최악이다. 매연은 물론이고 집 안에서 흔히 접할 수 있는 담배 연기는 기관지를 자극하기에 충분하다. 집 안에 천식 환자가 있다면 금연은 필수. 또한 자주 창문을 열어서 신선한 공기를 마실 수 있도록 환기시키는 것도 중요하다.

찬바람을 조심한다

천식 환자에게 찬바람은 치명적이다. 목욕을 하거나 머리를 감고 난 뒤에 바로 외출하는 것은 당연히 금물. 드라이어로 머리는 물론이고 몸 구석구석까지 말린 뒤 외출하는 습관을 들인다.

애완동물, 꽃가루는 NO!

고양이나 개, 새는 천식 환자에게 천적이다. 천식 환자는 털이 많은 동물 근처만 가도 충혈이 되거나 콧물을 흘리고 쌕쌕 숨이 차는 증상을 나타내기도 한다. 털이 많은 동물은 기르지 않는 것이 좋고, 꽃가루가 많이 날리는 곳에도 가지 않도록 한다.

고혈압·동맥경화

염분 줄이고 동물성 지방과 칼로리를 제한한다

솔잎 주스

솔잎은 혈액의 흐름을 좋게 하고 혈관 벽을 튼튼하게 해 중풍과 고혈압을 예방해준다. 솔잎을 그대로 갈아서 마시면 향이 너무 강하므로 시럽에 재어 두고 조금씩 희석해서 마신다.

68 kcal

비타민 C 2mg
식이섬유 0.9g

솔잎 500g, 설탕 시럽 1kg

1. 어린 솔잎을 깨끗이 씻어 건져 물기를 완전히 뺀다.
2. 밀폐용기에 솔잎을 담고 솔잎이 잠기도록 꿀이나 설탕 시럽을 부은 후 1주일 정도 재어 둔다.
3. 향이 우러나면 솔잎은 건져내고 솔잎 시럽을 냉장고에 보관했다가 물 1컵에 솔잎 시럽 1큰술을 넣고 잘 저어서 마신다.

오이 당근 비트 주스

+

+

오이와 당근의 칼륨이 체내 불필요한 나트륨을 배출시키고 혈액순환을 좋게 해 고혈압과 동맥경화를 예방해준다. 비트는 혈액을 정화시키는 기능이 있어 저혈압과 고혈압에 모두 좋다. 오이에는 비타민 C를 파괴하는 아스코르비나제가 있으므로 당근과 조리할 때는 오이를 썰어서 식촛물에 담갔다가 사용하는 것이 좋다.

50 kcal

칼륨 512mg
식이섬유 1.23g

오이 1개, 당근 ½개, 비트 ½개, 물 ⅓컵, 꿀 적당량

1. 당근과 오이, 비트는 껍질을 벗기고 깨끗이 씻는다.
2. 적당한 크기로 잘라 믹서에 넣고 물과 함께 간다.
3. 입맛에 따라 꿀을 조금 넣어 마신다.

아스파라거스 주스

아스파라긴산이 들어 있어 신진대사를 활발하게 한다. 아스파라거스에는 루틴 또한 풍부한데, 이것이 모세혈관을 튼튼하게 해 동맥경화나 고혈압의 예방에 효과가 있다. 그밖에 비타민 A와 C도 풍부하다.

58 kcal
비타민 C 54.6mg
칼륨 662mg

아스파라거스 100g, 당근 · 오이 ⅓개씩, 물 ⅓컵, 레몬 ½개

1. 아스파라거스는 물에 깨끗이 씻고, 당근은 껍질을 벗긴다. 오이는 소금으로 문질러 깨끗이 헹군다.
2. 손질한 아스파라거스와 오이, 당근을 적당한 크기로 잘라 믹서에 넣고 물과 함께 간다.
3. 기호에 따라 레몬즙을 첨가한다.

멜론 키위 주스

+

멜론과 키위는 둘 다 나트륨이 적고 칼륨 함량이 높은 과일이다. 칼륨은 체액 속의 염분을 소변으로 배출시키는 작용을 하므로 염분을 제한해야 하는 고혈압, 심장병 환자들에게 좋다. 특히 키위는 콜레스테롤 수치도 낮추고 백내장 예방 효과도 있다.

134 kcal
비타민 C 63mg
식이섬유 1.51g

멜론 ¼개, 키위 ½개, 물 ½컵, 설탕 시럽 · 레몬즙 조금씩

1. 멜론은 껍질을 벗기고 씨를 제거한 후 적당한 크기로 자른다.
2. 키위는 껍질을 벗긴 후 적당한 크기로 잘라 멜론과 함께 믹서에 간다.
3. 물 ½컵을 붓고 한 번 더 돌린 후 설탕 시럽으로 단맛을 조절하고 레몬즙을 조금 첨가한다.

저혈압

고단백 · 고칼로리식을 하고 운동으로 관리한다

미나리 당근 주스

미나리의 독특한 정유 성분이 발한 · 보온 효과를 내므로 저혈압으로 몸이 차가운 증상에 효과적이다. 풍부한 철분과 식물성 섬유가 빈혈을 예방하는 효과도 있다. 당근 역시 비타민 A와 철분이 풍부하다.

미나리 100g, 당근 ½개, 물 ½컵, 꿀 1큰술, 레몬즙 1작은술

1 미나리는 다듬어 씻은 후 잘게 송송 썬다.
2 당근은 깨끗이 손질해 씻어 적당한 크기로 자른 뒤 미나리, 물과 함께 믹서에 간다.
3 꿀을 넣고 잘 섞은 후 레몬즙을 1작은술 정도 뿌려 마시면 좋다.

인삼 주스

나른해서 움직이기 싫고 피로도 쉽게 느끼고 혈액순환이 제대로 되지 않을 때 인삼이 좋다. 인삼은 몸을 따뜻하게 하는 약재로, 달여 마셔도 좋지만 갈아서 생즙으로 마셔도 저혈압을 개선하는 효과가 크다.

중간 크기 인삼 1뿌리, 우유 1컵, 꿀 1큰술

1 인삼은 잔뿌리 사이사이의 흙을 솔로 깨끗이 씻어 물에 헹군다.
2 인삼을 적당한 크기로 잘라 믹서에 넣고 우유 1컵을 부어 곱게 간다.
3 꿀 1큰술을 섞어 마신다. 따뜻하게 데워 마셔도 좋다.

연근 당근 주스

+

연근에는 철분과 비타민 B_{12}가 풍부한데, 이들 성분이 저혈압에 좋은 효과를 발휘한다. 또 신경의 피로를 해소시키는 작용이 있어 혈압이 낮아서 오는 자율신경의 불안정, 불면증 등에 효과가 있다.

92 kcal
비타민 A 629RE
철분 0.96mg

연근 50g, 당근 ½개, 물 ½컵, 꿀 또는 레몬즙 적당량

1 연근과 당근은 껍질을 벗기고 깨끗이 씻은 다음 적당한 크기로 자른다.
2 연근과 당근을 믹서에 넣고 물을 부어 곱게 간다. 기호에 따라 레몬즙이나 꿀을 넣어 마신다.

가시오갈피 냉차

인삼보다 더 좋다는 가시오갈피 역시 저혈압에 좋은 효과가 있다. 가시오갈피는 중추신경을 흥분시켜 피로 해소를 돕고 신진대사를 원활하게 하며, 피 속에 들어 있는 백혈구를 증가시키는 작용을 한다.

50 kcal

가시오갈피 8g, 물 1½컵

1 가시오갈피에 물을 붓고 중간 불에서 20분 정도 끓인다.
2 물이 반으로 졸아들면 가시오갈피는 체로 걸러내고 물만 따라 식힌다.
3 기호에 따라 꿀을 타서 마셔도 된다.

두통

카페인 음료 피하고 규칙적인 생활을

매실 사프란 주스

사프란은 신경을 안정시키는 작용이 있어 현기증이나 두통을 가라앉혀준다. 특히 불면증으로 머리가 아플 때 사프란을 뜨거운 물에 우려서 마시면 좋다. 열로 인한 두통에 효과가 있는 매실과 함께 주스로 마셔도 좋다.

+

3 kcal

비타민 B_1 0.003mg
철분 0.06mg

매실청 1큰술, 말린 사프란 1작은술, 물 1컵

1. 말린 사프란을 뜨거운 물에 우린다.
2. 충분히 우러나면 차게 식힌 후 매실청 1큰술을 넣어 잘 저어 마신다.

두릅 요구르트 주스

두릅에는 비타민 C와 B_1 외에 신경을 안정시키는 칼슘이 많이 들어 있어 마음을 편하게 해주고 불안, 초조감도 없애준다. 특히 혈당 강하 작용이 있어 당뇨병 때문에 머리가 아픈 사람에게 좋다.

+

139 kcal

비타민 B_1 0.42mg
철분 3.7mg

두릅 100g, 요구르트 ½컵, 꿀 2작은술

1. 너무 쇠어지지 않은 적당한 크기의 두릅을 준비해 잘 손질해서 물에 깨끗이 씻은 후 끓는 물에 잠깐 데친다.
2. 살짝 데친 두릅은 요구르트와 함께 믹서에 넣고 간다.
3. 꿀을 넣고 조금 더 돌린다.

천마 우유 주스

혈압이 높은 사람들은 뒷목이 뻣뻣해지면서 두통이 오는 경우가 있다. 투통과 함께 어지러운 증세가 나타날 경우 마를 갈아 마시면 좋다. 마 점액질에 들어있는 사포닌과 아르기닌이 혈압을 정상화시키는 작용을 한다.

196 kcal
비타민 B_1 0.34mg
철분 1.16mg

천마 200g, 우유 ½컵, 꿀 1큰술

1 천마는 껍질을 벗기고 물에 깨끗이 씻는다.
2 손질한 천마와 우유를 함께 믹서에 간다.
3 기호에 따라 꿀 1큰술을 타서 마신다. 말린 천마를 끓는 물에 우려 마셔도 좋다.

Tip 천마는 한약재상이나 인터넷 사이트에서 구할 수 있다.

두통이 있을 때의 식이요법

철분을 꾸준히 섭취한다

철분은 혈관에 산소를 공급하고 혈관이 팽창하는 것을 막아주므로 꾸준한 섭취가 중요하다. 동물의 간이나 살코기, 굴, 달걀노른자, 미역이나 다시마 같은 해조류, 대합이나 바지락 같은 조개류, 시금치나 무청 등의 푸른 잎 채소가 특히 좋다.

야채와 과일도 좋다

철분의 흡수를 촉진시키는 비타민 C를 충분히 섭취한다. 귤, 레몬, 딸기, 피망, 풋고추, 케일, 시금치, 근대, 연근, 무청, 감자 등에 비타민 C가 풍부하다.

등푸른 생선과 생강도 먹자

연어, 고등어 같은 등푸른 생선과 생강은 항염증 작용을 하므로 두통 또는 편두통 환자에게 권할 만하다.

닭고기, 콩, 건포도도 좋은 식품

편두통 환자에게 비타민 B_1 결핍증이 잘 나타나므로 닭고기, 콩, 건포도 등을 통해 보충해준다.

마그네슘도 두통 완화에 효과적이다

마그네슘은 통증을 완화시켜주는 작용을 한다. 코코아 분말, 아몬드, 해바라기씨, 참깨 등 마그네슘이 풍부한 식품을 섭취한다.

브로콜리 주스

브로콜리는 비타민 C 함유량이 레몬의 2배, 감자의 7배이며 베타카로틴이 풍부하게 들어 있어 각종 성인병과 암을 예방하는 식품으로 알려져 있다. 특히 유방암에 대한 면역기능이 높아 여성들에게 좋다. 브로콜리의 셀포라페인 성분이 암세포를 억제하고, 위의 헬리코박터 파일로리균을 억제하는 데도 효과가 있다.

브로콜리 100g, 사과 ½개, 물 ½컵

1 브로콜리는 송이를 나눈 후 끓는 물에 살짝 데친다.
2 사과는 껍질을 벗겨서 적당한 크기로 자른다.
3 ①과 ②를 물과 함께 믹서에 넣고 곱게 간다.

무 연근 주스

76 kcal
비타민 C 44.2mg
식이섬유 1.008g

무에 들어 있는 소화 효소의 작용으로 장내의 노폐물이 청소되어 대장암이 예방된다. 여기에 비타민 C와 섬유질이 풍부한 연근이 더해져 각종 성인병 예방 효과까지 기대할 수 있다.

+

무 100g, 연근 50g, 물 ⅓컵, 꿀 1큰술

1. 무는 껍질째 깨끗이 씻어 적당한 크기로 썬다.
2. 연근은 껍질을 벗기고 물에 헹군 후 적당한 크기로 자른다.
3. 무와 연근을 믹서에 넣고 물을 부어 곱게 간다. 꿀을 첨가하면 먹기가 더욱 좋다.

브로콜리 토마토 주스

168 kcal
비타민 A 272.4RE
비타민 C 72mg

토마토의 라이코펜이라는 성분이 전립선암, 폐암을 비롯한 각종 암의 발생 위험을 줄인다. 라이코펜의 항암능력은 카로틴보다 2배나 뛰어난 것으로 알려져 있다. 특히 라이코펜은 흡연자에게 폐암 예방 효과가 뛰어난 성분이다. 비타민 C도 풍부해서 각종 바이러스에 대한 저항력을 높여준다. 토마토는 익혀 먹으면 라이코펜 성분이 7배나 늘어난다.

+

브로콜리 50g, 토마토 1개, 우유 ½컵, 호두 1큰술

1 브로콜리는 송이를 적당히 나눈 후 끓는 물에 살짝 데친다.
2 토마토는 끓는 물에 살짝 담갔다가 건져 껍질을 벗긴다.
3 믹서에 브로콜리와 토마토를 넣고 우유를 부어 곱게 간다. 이때 호두를 함께 넣어 갈면 맛도 고소하고 비타민 A의 흡수가 더욱 잘 된다.

생고구마 주스

273 kcal
비타민 A 67RE
식이섬유 1.4g

고구마에는 셀룰로오스라고 하는 섬유질이 풍부한데, 이것은 체내에서 소화가 잘 안 되므로 배설을 촉진하는 작용이 있다. 배설이 잘 되면 숙변이 쌓이지 않으므로 대장암이 예방된다. 대장암 외에 폐암과 위암에도 효과가 있는데, 이는 고구마의 갱글리오사이드가 뛰어난 항암 작용을 하기 때문인 것으로 알려져 있다.

고구마 1개, 우유 ⅔컵

1. 고구마는 흙을 파내고 솔로 깨끗이 문질러 씻은 후 찜통에 찐다.
2. 찐 고구마의 껍질을 벗기고 적당한 크기로 자른다.
3. 고구마를 믹서에 넣고 우유와 함께 간다.

당뇨병

당분 · 지방 삼가고 채소 · 해조류를 많이

양파 주스

당뇨병은 인슐린이 부족해 혈액 중의 당분이 소변으로 빠져나가는 병인데 양파는 인슐린의 분비를 촉진시켜 혈당치를 떨어뜨리는 효과가 있다. 또한 양파의 퀘르세틴 성분은 항산화작용을 하여 인슐린을 분비하는 췌장의 β(베타) 세포를 보호한다. 양파는 비타민 B_1 부족에서 오는 피로, 식욕부진에도 도움이 된다.

72 kcal
비타민 C 54mg
칼륨 284mg

양파 1개, 물 ½컵, 레몬즙 ½개, 꿀 적당량

1 양파는 껍질을 벗기고 물에 헹군 다음 적당한 크기로 자른다.
2 양파에 물 ½컵을 붓고 믹서에 함께 간 후 레몬을 즙내어 섞는다.
3 그냥 마시기 힘들다면 꿀을 조금 넣어 마신다.

완두콩 주스

다른 콩보다 비타민 A와 C, 섬유질, 미네랄이 풍부하다. 특히 당뇨병으로 목이 타는 증세가 있을 때 완두콩 주스를 꾸준히 마시면 효과가 있다. 완두콩의 사포닌 성분이 비만을 막아줘 혈당치가 높아지는 것을 막을 수 있다.

194 kcal
칼륨 544mg

완두콩 100g, 두유 ⅔컵, 소금 또는 꿀 적당량

1 완두콩은 씻어서 끓는 물에 살짝 데친다.
2 익힌 완두콩과 두유를 함께 믹서에 간다.
3 기호에 따라 소금이나 꿀을 조금 첨가해도 좋다.

호박 주스

당뇨병에 걸리면 인슐린 분비가 잘 안 돼 당이 소변과 함께 빠져 나가는데, 호박에는 인슐린 분비를 도와주는 작용이 있기 때문에 당뇨병 치료식으로 좋다. 또한 호박은 당뇨병으로 인한 부기를 내려주는 데도 뛰어난 효과가 있다.

54 kcal
비타민 C 30mg
칼륨 56mg

늙은 호박 200g, 물 3컵, 꿀 적당량

1 늙은 호박을 반 갈라서 씨를 제거한 뒤 적당한 크기로 자른다.
2 손질한 호박에 물 3컵을 부어 물이 반으로 줄 때까지 삶는다.
3 삶은 호박을 ②의 국물과 함께 믹서에 넣고 곱게 갈아 꿀을 조금 타서 마신다.

당뇨병 환자를 위한 10가지 식사지침

① 탄수화물 · 단백질 · 지방 · 비타민 · 미네랄 등 5대 영양소에 섬유질까지 포함한 6대 영양소를 섭취한다.
② 한꺼번에 많이 먹는 것보다 조금씩 자주 먹는다.
③ 케이크보다는 보리빵, 현미식빵, 통밀식빵 등 비교적 혈당치가 천천히 오르는 식품을 선택해 씹어 먹는다.
④ 합병증 예방을 위해 음식은 최대한 싱겁게 먹는다. 되도록 외식을 피하고, 마늘 외의 향신료나 조미료 사용은 자제하는 것이 좋다.
⑤ 기름 섭취에 주의한다. 불포화지방산이 풍부한 올리브기름, 옥수수기름, 참기름 등 식물성 기름이 몸에 좋다. 삼겹살, 버터 등의 동물성 지방은 안 좋다.
⑥ 섬유질은 변비와 대장암을 예방하고 비만을 방지해 주므로 충분히 섭취하도록 한다.
⑦ 운동 후에는 물 외에 아무 것도 먹지 않고 식사를 하게 될 경우라면 물을 많이 마신 다음에 식사를 한다.
⑧ 설탕이나 꿀, 물엿 등의 단당류는 당뇨 관리에 좋지 다. 단맛을 내려면 인공감미료를 이용한다.
⑨ 절대로 식사를 걸러서는 안 된다. 특히 아침식사는 꼭 해야 한다. 식후에 바로 눕는 것은 좋지 않다.
⑩ 외식을 할 경우 양식을 먹으려면 돈가스보다는 스테이크를 먹는 게 낫다. 중국집에서도 탕수육보다는 냉채나 우동이 좋으며 패스트푸드점에서는 튀김보다는 우유, 햄버거를 먹는 게 좋다.

당뇨병의 10가지 위험 신호

① 물을 많이 마신다.
② 식사를 많이 한다.
③ 소변을 많이 본다.
④ 갑자기 몸무게가 는다.
⑤ 가족 중에 당뇨병 환자가 있다.
⑥ 복부비만이다.
⑦ 예전에 4kg 이상의 거대아를 분만한 적이 있다.
⑧ 임신성 당뇨인 적이 있다.
⑨ 피부, 음부, 요도에 반복적인 감염이 있다.
⑩ 피로를 자주 느낀다.

소화불량

지방 많고 자극적인 음식을 피한다

무 주스

무는 비타민 A · B · C 외에 디아스타제 등의 효소와 섬유질이 풍부해 소화가 잘 되고 위장을 튼튼하게 한다. 또한 속이 쓰린 경우에 효과적이며 섬유질이 장내 노폐물을 배출시켜 대장암 예방에도 좋다.

100 kcal

비타민 B_1 0.07mg
식이섬유 2.9g

무 150g, 무청 50g, 사과 주스 ¼컵

1 무는 껍질째 깨끗이 씻어 적당한 크기로 썬다.
2 무청은 다듬어 씻은 후 적당한 크기로 썬다.
3 무와 무청, 사과 주스를 믹서에 넣고 곱게 갈아 마신다.

파인애플 주스

섬유질이 풍부해 소화가 잘 되며, 브로멜린이라는 단백질 분해 효소가 장내 부패물을 분해해주므로 고기를 먹은 후 파인애플을 먹으면 소화가 잘 된다. 칼로리가 적은 편이므로 살찔 걱정을 하지 않아도 된다.

46 kcal

비타민 B_1 0.22mg
식이섬유 0.8g

파인애플 200g, 물 ⅓컵, 설탕 시럽 적당량

1 잘 익은 파인애플을 준비하여 3cm 정도의 토막으로 자른다.
2 껍질을 벗기고 속의 딱딱한 심지를 도려낸 후 적당한 크기로 자른다.
3 믹서에 넣고 물 ⅓컵을 부어 곱게 간다. 입자가 거칠면 거즈에 한 번 거르고 설탕 시럽을 입맛대로 첨가한다.

마 주스

소화 효소인 디아스타제가 무의 3배나 돼 마를 먹으면 소화가 아주 잘 된다. 무와 마찬가지로 탄수화물 식품을 소화시키는 데 효과적이다. 우유와 함께 갈아서 마시면 변통이 좋아진다.

산마 200g, 우유 ½컵, 꿀 1큰술

1 마는 껍질을 벗기고 물에 깨끗이 씻는다.
2 손질한 마와 우유를 함께 믹서에 간다.
3 입맛에 따라 꿀 1큰술을 타서 마신다.

위의 상태를 개선하는 식사와 생활

규칙적인 식생활을 한다

불규칙한 식생활과 폭음, 폭식은 위장에 가장 해로운 요인이다. 식사시간이 불규칙하면 위액 분비가 원활히 이루어지지 않아 위궤양이 발생하기 쉽다. 위장병 예방을 위해서는 규칙적인 식생활이 가장 중요하다. 규칙적인 식생활의 첫걸음은 아침식사를 챙겨 먹는 일이다.

소화가 잘 되는 음식을 먹는다

질기거나 딱딱하지 않고 부드러운 식품을 이용한다. 이런 식품은 소화가 잘 되어 위에 부담이 되지 않는다. 질기거나 딱딱한 것이라도 오래 삶거나 잘게 다지는 등의 조리법을 연구하면 골고루 균형 있게 섭취할 수 있다.

영양 섭취에 신경 쓴다

위염이나 위궤양에는 영양을 충분히 섭취해야 한다. 영양이 부족하면 궤양으로 상처 입은 위 점막을 재생하거나 점막의 저항력을 높일 수 없다. 단백질, 비타민, 미네랄, 당질, 지방질을 균형 있게 섭취해야 하는데, 특히 충분한 단백질 섭취가 매우 중요하다.

자극성이 강한 식품은 피한다

위에 강한 자극을 주는 음식은 위액의 분비를 촉진시켜 위산이 과잉 분비되게 만들고 위벽을 상하게 할 수 있다. 알코올이나 카페인, 탄산음료, 강한 향신료 등 자극성이 강한 식품을 삼가도록 한다.

스트레스를 쌓아두지 않는다

늘 스트레스에 시달리는 생활도 위에는 좋지 않다. 스트레스를 안 받을 수는 없겠지만, 나름대로 스트레스 해소 방법을 가지고 그때그때 풀어버리는 것이 중요하다.

입·코 염증

비타민을 섭취하고 과로하지 않는다

호박 당근 주스

호박과 당근의 비타민 A가 피부와 점막을 강화시켜 면역력과 저항력을 높여준다. 호박은 비타민 C와 E도 풍부한데, 이것이 강력한 항산화 작용을 해 질병에 잘 걸리지 않게 한다.

61kcal
비타민 A 1376RE
비타민 C 21mg

늙은 호박 100g, 물 ⅔컵, 당근 ½개, 꿀 적당량

1 당근은 적당한 크기로 썰어 물 ⅔컵을 붓고 믹서에 곱게 간다.
2 늙은 호박은 씨를 제거한 뒤 적당한 크기로 잘라 찜통에 찐다.
3 삶은 호박을 믹서에 넣고 갈다가 당근 간 것을 넣고 돌려 잘 섞는다. 꿀을 조금 타서 마신다.

입속 염증을 예방하는 생활 요령

피로 해소를 위해 숙면을 취한다

피로하면 입안이 헐거나 염증이 생기는 사람이라면 늘 조심해야 한다. 가장 좋은 방법은 숙면을 취함으로써 피로를 풀어주는 것. 특히 머리를 많이 쓰는 일을 하는 사람들은 숙면이 업무수행에 필수적인 조건이므로 일터에서 돌아오면 곧바로 목욕을 하고 잠을 청하는 것이 최선이다.

업무시간 짬짬이 낮잠을 잔다

점심식사 후 유독 졸음이 쏟아질 때 낮잠을 잠시 자는 것도 좋다. 사무실이라 하더라도 졸릴 때 책상에 엎드려 10분 정도만 자면 활기를 찾을 수 있다. 단순한 피로감은 충분히 휴식을 취하고 규칙적인 생활을 하며 그날그날의 피로와 스트레스를 푸는 식으로 해결할 수 있다.

균형 잡힌 식생활을 한다

비타민과 미네랄, 양질의 단백질을 고루 섭취하는 균형 잡힌 식생활도 피로를 푸는 데 중요한 요인이다. 비타민 B_1이 충분한 식품, 예를 들어 현미, 율무 등의 곡식류와 호두나 잣 등의 견과류, 콩류, 돼지고기, 닭간, 말린 표고버섯 등은 당질의 연소를 돕는 작용을 한다.

또 신선한 과일과 야채에 많이 들어 있는 비타민 C와 미네랄은 피로를 줄이고 면역기능을 높여주는 작용을 한다. 따라서 피로로 입안이 잘 허는 사람은 이들 식품을 많이 먹는 것이 좋다.

아보카도 브로콜리 주스

+

아보카도에 풍부한 엽산과 비타민 A가 입속 염증을 예방한다. 또한 브로콜리에는 비타민 A 외에 B_1 · B_2 · C도 풍부한데 이들 성분이 인체 면역력을 높여주고 피부를 건강하게 유지시킨다.

아보카도 ½개, 브로콜리 100g, 사과 주스 ½컵

1 아보카도는 반 갈라 씨를 빼고 껍질을 벗긴다.
2 브로콜리는 송이를 적당히 나눈 후 끓는 물에 살짝 데친다.
3 아보카도와 브로콜리를 함께 믹서에 넣고 사과 주스 ½컵을 부은 후 곱게 간다.

호박 케일 주스

+

케일에는 비타민 A · B군 · C · P와 칼슘, 철분, 인 등의 각종 미네랄이 풍부하다. 특히 비타민 A는 세포의 성장과 발육을 돕고 눈과 피부점막을 보호하며 면역기능을 활성화시킨다.

늙은 호박 100g, 케일 200g, 물 ½컵, 레몬 ½개, 꿀 적당량

1 늙은 호박은 씨를 제거한 뒤 적당한 크기로 잘라 찜통에 찐다.
2 케일은 순한 잎으로 골라 물에 깨끗이 씻은 후 물기를 털고 잘게 썬다.
3 삶은 호박과 케일을 믹서에 넣고 물 ½컵을 부어 곱게 간다. 레몬을 즙내어 섞고 입맛에 따라 꿀을 조금 타서 마신다.

눈 떨림증

현미 · 견과류 · 녹색채소 등으로 마그네슘을 보충한다

시금치 요구르트 주스

+

시금치에는 조혈작용을 하는 철분과 엽산, 우리 몸에 힘을 주고 피로를 막아주는 마그네슘이 풍부하게 들어 있다. 쉬 피로를 느끼고 불안, 짜증이 많은 사람이라면 시금치를 즙내어 꾸준히 마시면 좋다.

시금치 100g, 요구르트 ½컵, 레몬즙 1작은술

1. 연한 시금치를 다듬은 후 물에 깨끗이 씻어 물기를 턴다.
2. 손질한 시금치는 요구르트와 함께 믹서에 넣고 간다.
3. 레몬즙을 뿌리면 마시기가 수월하다.

해바라기씨 두유

+

해바라기씨는 아몬드와 함께 마그네슘이 특히 많은 식품이다. 마그네슘이 풍부한 두유와 함께 음료로 만들어 마시면 마그네슘과 비타민 E를 동시에 섭취해 피부도 윤기 있게 가꿀 수 있다.

해바라기씨 40g, 불린 흰콩 ⅓컵, 물 ½컵, 소금 또는 설탕 적당량

1. 콩 ⅓컵을 준비하여 잡티를 골라내고 깨끗이 씻은 후 물에 하룻밤 담가 충분히 불린다.
2. 불린 콩에 물을 넉넉히 붓고 약간 살캉거릴 정도로 익힌다.
3. 콩과 준비한 해바라기씨를 믹서에 넣고 물 ½컵을 부은 후 곱게 간다. 소금이나 설탕을 조금 넣어 마셔도 맛있다.

다시마 현미 드링크

\+

곡류에는 원래 마그네슘 등의 미네랄이 풍부하지만 도정 과정에서 80~90%가 유실된다. 하지만 도정이 덜 된 현미에는 마그네슘이 상당 부분 살아 있다. 100g당 800mg의 마그네슘이 들어 있는 다시마와 함께 갈아서 음료를 만들어 마시면 눈 떨림증을 예방할 수 있다. 동의보감에서는 다시마를 '곤포'라 하여 막힌 혈을 풀어주는 식품으로 언급하고 있다.

말린 다시마 200g, 현미 400g, 우유 1컵, 꿀 적당량

1. 현미는 잘 씻어서 프라이팬에 볶은 후 분마기에 곱게 갈고, 다시마는 깨끗이 손질해 분마기에 곱게 간다.
2. 곱게 간 다시마와 현미가루를 1:2의 비율로 섞는다.
3. 우유에 다시마 현미가루를 넣고 잘 저어 꿀을 타서 마신다.

이런 사람, 마그네슘 부족 조심하자

과음을 하거나 정신적인 스트레스가 심한 직장인이라면 마그네슘 부족을 의심해봐야 한다. 단백질 섭취가 지나치게 적거나 반대로 많은 경우, 무리한 일이나 운동 등으로 과도하게 땀을 흘리는 경우도 마찬가지다.

운동을 하는 도중에도 근육에서 마그네슘이 빠져나간다. 평소 식생활에서 심한 편식을 하거나 정제 가공된 식품을 좋아하고 야채, 과일을 적게 먹는 사람도 주의해야 한다. 또 노인이나 임신부, 특정 질환이 있는 환자도 마그네슘 결핍이 되기 쉽다.

마그네슘의 1일 권장 섭취량은 체중 1kg당 남성 4.3mg, 여성 4.2mg이다. 대략 성인의 경우 남성은 350mg, 여성은 280mg 정도다.

마그네슘 결핍 체크리스트

다음의 항목 중 여러 가지 항목에 해당되고 증상이 자주 나타날수록 마그네슘 부족일 가능성이 크다.

- ☐ 평소 팔, 다리에 쥐가 잘 나는 편이다.
- ☐ 과도하게 예민해져서 쉽게 화를 낸다.
- ☐ 눈꺼풀이 씰룩거리는 등 근육경련이 자주 일어난다.
- ☐ 쉽게 잠들지 못하고 숙면을 취하지 못한다.
- ☐ 화장실에 자주 들락거리는 빈뇨 증상이 나타난다.
- ☐ 때때로 심장이 불규칙하게 뛴다.

부종

나트륨을 제한하고 소식한다

팥 검은콩 두유

잘 때 식은땀을 흘리는 것은 체내 수분 조절이 안 되기 때문이다. 이럴 때 검은콩을 먹으면 좋다. 이와 함께 강력한 이뇨 작용이 있는 팥을 함께 즙내어 먹으면 붓는 증상에 좋다. 단 너무 많이 먹으면 체력이 약해지므로 과식은 금물.

+

179 kcal
칼륨 662mg

불린 팥 ¼컵, 불린 검은콩 ¼컵, 물 ⅔컵

1. 팥과 검은콩을 같은 비율로 준비한다.
2. 팥은 솥이나 압력솥에 푹 삶아 으깨어 체에 곱게 내린다.
3. 검은콩은 물에 불린 후 삶아서 믹서에 곱게 간다.
4. 체에 내린 팥과 믹서에 간 검은콩을 잘 섞은 후 입맛에 맞게 꿀을 조금 넣어 먹는다.

배즙 대추 냉차

배와 대추에는 이뇨 작용이 있어 몸속의 노폐물과 중금속 등을 배출시키는 효과가 있다. 또한 부기 제거 효과도 뛰어난데, 출산 후 부기가 잘 빠지지 않거나 평소 얼굴과 다리가 잘 붓는 사람이라면 자주 마시는 것이 좋다.

+

배 ½개, 말린 대추 4개, 물 ½컵, 설탕 1큰술

1. 배와 말린 대추를 씻어 둔다.
2. 배는 껍질을 벗기고 속과 씨를 도려낸 뒤 적당한 크기로 자른다. 대추는 씨를 발라내어 배와 함께 믹서에 간다.
3. 물 ½컵과 설탕 1큰술을 넣어 한 번 더 돌린다.

호박 주스

늙은 호박에 든 칼륨 성분은 이뇨작용을 해 부기를 빼는 데 도움이 된다. 특히 출산 후 부기가 남아 있는 산모에게 유익하다. 소변 보기가 힘들면서 부기가 있을 때 호박을 즙내어 마시면 좋다. 그러나 신장 기능이 저하된 신부전 환자는 칼륨이 많은 식품은 주의해야 한다.

늙은 호박 200g, 물 3컵, 꿀 적당량

1. 늙은 호박을 준비해 반 갈라서 씨를 제거한 뒤 적당한 크기로 자른다.
2. 손질한 호박에 물 3컵을 부어 물이 반으로 줄 때까지 삶는다.
3. 삶은 호박을 국물과 함께 믹서에 넣고 곱게 갈아 꿀을 타서 마신다.

수박 주스

주성분은 수분이지만 칼슘, 칼륨, 아미노산이 풍부하다. 특히 이뇨작용이 탁월한데, 시트룰린이라는 아미노산이 체내에서 요소로 변해 소변 배출을 원활하게 도와준다. 따라서 부종에 효과가 있다.

수박 300g, 화이트와인 1큰술

1 빨갛게 잘 익은 수박을 준비하여 조각을 나눈다.
2 껍질을 잘라내고 수박 과육만 준비한다.
3 수박 과육의 씨를 골라내고 적당한 크기로 자른 다음 화이트와인 1큰술을 넣고 믹서에 곱게 간다.

신경통·관절염

표준체중 유지와 적당한 운동이 중요하다

솔잎 주스

솔잎은 혈액순환이 안 돼 관절염이 있는 경우 효과를 발휘한다. 소나무의 어린잎을 설탕 시럽에 재어두면 솔잎이 발효되어 맛있는 음료가 되는데 이것을 수시로 마시면 관절염이나 신경통이 완화되는 효과가 있다.

68 kcal
비타민 A 36.2RE
칼슘 49.5mg

솔잎 500g, 설탕 시럽 1kg

1 어린 솔잎을 깨끗이 씻어 건져 물기를 완전히 뺀다.
2 밀폐용기에 솔잎을 담고 솔잎이 잠기도록 꿀이나 설탕 시럽을 부은 후 1주일 정도 재어둔다.
3 향이 우러나면 솔잎은 건져내고 솔잎 시럽을 냉장고에 보관했다가 물 1컵에 솔잎 시럽 1큰술을 넣고 잘 저어서 마신다.

알로에 주스

알로에의 젤라틴 성분은 인체의 아교질을 개선해주는 효과가 있으므로 류머티스 관절염과 같은 질병에 효과가 있다. 알로에는 또 강한 살균·항균작용과 혈액순환을 좋게 하는 작용도 있어 신경통에도 효과를 발휘한다.

30 kcal
칼슘 0.51mg

알로에(알로에 베라 또는 아보레센스) 130g, 물 ⅔컵, 꿀 1큰술

1 알로에는 칼로 두꺼운 껍질을 벗긴다.
2 알로에를 적당한 크기로 썰어 믹서에 넣고 물을 부어 함께 간다.
3 꿀 1큰술을 고루 섞어서 마신다.

두릅 주스

두릅은 섬유질과 칼슘, 인, 철분, 비타민 A, 사포닌 등이 풍부한 편이다. 특히 쌉쌀한 맛을 내는 사포닌 성분이 체내에 유해한 요산을 배출시키므로 통풍이나 통풍성 관절염 등에 큰 효과를 기대할 수 있다.

84 kcal

비타민 A 109.5RE
칼슘 520mg

두릅 100g, 물 ⅔컵, 레몬 ½개, 꿀 1큰술

1 너무 쇠어지지 않은 적당한 크기의 두릅을 준비해 잘 손질한 후 물에 깨끗이 씻어 끓는 물에 잠깐 데친다.
2 손질한 두릅은 물과 함께 믹서에 간다.
3 레몬을 즙내어 뿌리고 꿀을 섞어 마신다.

관절염 통증 완화 10가지 수칙

① 적당한 운동, 규칙적인 생활을 한다. 한꺼번에 오랜 시간 운동하기보다는 틈틈이 가벼운 운동을 하는 것이 좋다.
② 딱딱한 침대에서 자되, 가볍고 따뜻한 이불을 덮고 편안한 수면을 취한다.
③ 관절을 자극하는 너무 덥거나 추운 곳, 습도가 높은 곳에 오래 있지 않도록 한다.
④ 성생활은 무리하지 않는 범위 내에서 한다. 건강한 사람이라도 지나친 성생활을 하면 몸에 무리가 온다.
⑤ 바닥에 정좌하는 자세보다는 의자에 앉는 게 좋다.
⑥ 착용감 좋고 입고 벗기 편한 옷, 굽이 높지 않고 바닥이 두꺼운 신발이 통증 완화에 도움이 된다.
⑦ 좌식 화장실을 사용하고, 욕실 바닥에 미끄러지지 않도록 주의한다.
⑧ 세수와 집안일은 되도록 앉은 자세에서 하도록 한다.
⑨ 비만은 관절에 부담을 주므로 과식하지 않는다.
⑩ 류머티스 관절염엔 냉찜질, 퇴행성 관절염엔 온찜질을 한다. 찜질은 관절염으로 인한 통증과 경직을 줄여준다. 관절 통증의 원인을 잘 모를 때는 관절을 만져봐서 붓고 열이 나면 냉찜질, 뻣뻣하면서 열이나 부기가 없으면 온찜질을 한다.

자료 : 대한내과학회 류머티스연구회

노화

항산화 식품으로 활성산소를 억제한다

토마토 감자 주스

토마토의 항산화 물질과 감자에 풍부한 비타민 C가 인체 면역력을 강화시키고 각종 바이러스 감염을 예방해준다. 특히 토마토의 라이코펜 성분은 강력한 항산화 작용을 하므로 잔병치레가 많은 도시인의 경우 토마토 감자 주스를 꾸준히 마시면 건강한 체질로 바꿀 수 있다.

\+

153 kcal
비타민 A 208RE
비타민 C 39.24mg

토마토 2개, 감자 ½개, 우유 ¼컵, 꿀 적당량

1 토마토는 끓는 물에 담갔다가 건져 껍질을 벗긴다.
2 감자는 칼로 껍질을 벗겨 믹서에 갈다가 토마토를 넣어 함께 간다.
3 토마토와 감자가 곱게 갈리면 여기에 꿀 1큰술과 우유 ¼컵을 넣고 다시 한 번 믹서를 돌려 잘 섞이게 한다. 입맛에 맞게 꿀을 넣어 마신다.

파프리카 요구르트 주스

파프리카에는 베타카로틴이 풍부하게 들어 있어 간편하게 섭취할 수 있는 항산화제로 인기가 높다. 유산균이 들어 있는 요구르트와 함께 주스를 만들어 마시면 몸의 면역이 강화된다.

\+

105 kcal
비타민 A 157RE
비타민 C 76.3mg

노랑 또는 주황 파프리카 1개, 요구르트 ½컵, 꿀 2작은술

1 싱싱하고 큼직한 노랑 또는 주황색의 파프리카를 준비한다.
2 파프리카는 반을 갈라 씨를 제거하고 적당한 크기로 자른 뒤 요구르트와 함께 믹서에 간다.
3 꿀 2작은술을 넣어 섞으면 맛이 한결 좋아진다.

브로콜리 양배추 주스

+

브로콜리와 양배추 모두 비타민 A와 C가 풍부해 인체 면역력을 강화시킨다. 특히 양배추는 상처 난 세포를 재생시켜 각종 염증을 치료하는 효과가 높다. 효과를 극대화하려면 신선한 즙을 내어 마시는 것이 좋다. 양배추의 비타민 K는 출혈도 예방한다.

브로콜리 70g, 양배추 50g, 우유 ½컵, 꿀 적당량

1 브로콜리는 송이를 적당히 나눈 후 끓는 물에 살짝 데친다.
2 양배추는 깨끗이 씻은 후 적당히 자른다.
3 브로콜리와 양배추를 믹서에 넣고 우유를 부어 간다. 양배추 특유의 냄새가 싫으면 꿀을 조금 넣어 마신다.

노화를 억제하는 생활습관

노화를 억제하기 위해서는 평소의 식생활에서 항산화 물질을 적극적으로 섭취하는 것이 좋다. 하지만 그보다 더 중요한 것은 금연, 스트레스 예방 등 활성산소의 생성 자체를 억제할 수 있는 절제된 생활습관을 갖는 것이다. 예방 차원에서 근본 원인을 제거하는 노력이 중요하다는 얘기다.

활성산소의 발생을 막기 위해서는 잘못된 식습관부터 고칠 필요가 있다. 과식 · 폭식은 물론 가공식품의 지나친 섭취도 줄여야 한다. 기름에 튀긴 음식, 특히 트랜스지방산이 많이 들어간 음식은 활성산소를 직접 섭취하는 결과를 빚어 그야말로 현대인의 몸을 병들게 하는 주범이라고 할 수 있다.

공기 중의 산소는 특히 기름과 결합하기를 좋아해서 음식을 기름에 튀기는 과정에서 활성산소들이 달라붙는다. 이것이 몸속으로 들어가 기름과 분리되면 다시 세포 속 핵산에 달라붙어 핵산을 변화시키는 것이다. 따라서 기름에 튀기는 조리법이 많은 인스턴트 식품은 반드시 줄여야 한다.

기억력 감퇴

스트레스 피하고 비타민 A와 E를 충분히

로즈메리 당근 주스

+

갱년기 이후 건망증이 걱정된다면 로즈메리 당근 주스를 마시면 좋다. 로즈메리는 뇌의 혈액순환을 도와 긴장을 완화시키며 뇌 기능을 활성화시킨다. 비타민 A가 풍부한 당근과 함께 주스를 만들어 마시면 더욱 좋다.

73 kcal
비타민 A 1257RE
비타민 E 0.43mg

로즈메리 잎 3장, 당근 ½개, 레몬 ¼개, 물 ½컵, 꿀 적당량

1. 당근은 깨끗이 손질해 잘게 썬다.
2. 레몬은 즙을 짠다.
3. 믹서에 당근과 물을 넣고 갈다가 레몬, 로즈메리 잎을 넣고 조금 더 간다. 마지막에 꿀을 넣고 잘 젓는다.

오미자 주스

오미자는 뇌파를 자극하는 성분이 있어 정신을 이완시키고 머리를 맑게 해준다. 특히 기억력을 높여주므로 건망증이 걱정되는 중노년층에게 권장된다. 건망증이 걱정되는 사람이라면 오미자 주스를 자주 마시도록 한다.

71kcal
비타민 E 0.04mg

오미자 1큰술, 물 1컵, 설탕 1큰술

1. 선명한 붉은 빛을 띠는 오미자를 준비해 물에 씻어 건진다.
2. 물을 팔팔 끓인 뒤 불을 끄고 오미자를 담가 빛깔이 충분히 우러날 때까지 둔다.
3. 분홍 빛깔이 충분히 우러나면 오미자는 체에 밭여 걸러내고 설탕 1컵을 타서 마신다. 오미자는 꿀을 타면 빛깔이 칙칙하게 변하므로 설탕을 타는 것이 좋다.

현미 인삼 주스

인삼은 중추신경계의 조건반사를 형성하고 기억력 · 정신력을 강화시키는 효과가 있다. 여기에 비타민 B_1이 풍부한 현미를 섞으면 신진대사가 원활해져 정신적인 안정을 취하는 데 도움이 된다. 현미를 4시간 이상 불리면 발아현미가 되는데 이때 뇌의 집중력을 키워주는 가바(GABA)라는 물질이 생성된다.

+

214 kcal
비타민 B_1 0.15mg

현미 ⅓컵, 인삼 1뿌리, 물 1컵, 꿀 1큰술

1. 현미는 깨끗이 씻어 물에 1시간 정도 불린다.
2. 인삼은 잔뿌리 사이사이의 흙을 솔로 깨끗이 씻어 물에 헹군다.
3. 불린 현미와 인삼을 믹서에 넣고 물을 부어 곱게 간다. 꿀 1큰술을 섞어 마신다.

생활 속에서 건망증 줄이기

메모를 습관화한다
꼭 기억할 것들은 반드시 메모하는 습관을 갖는다. 달력에 매일 할 일을 적어놓고, 집안의 대소사를 미리 체크해둔다.

머릿속에 여러 번 되풀이해 기억한다
새로운 것을 배웠을 때 머리 속에서 그 일을 여러 번 되풀이하면 다음 번에 쉽게 기억할 수 있다.

오감을 동원한다
새로운 정보를 받아들일 때 청각이나 시각, 후각 등 여러 가지 감각을 동원해 한꺼번에 기억하면 훨씬 효과적이다.

연상해서 기억한다
어떤 사람을 처음 만났다고 하면 사람과 관련된 이미지를 많이 만들어내면 다음에 기억하기 좋다.

운동을 한다
육체적인 운동은 건망증의 원인인 스트레스를 풀어주고, 혈액순환을 촉진하며 뇌 속의 산소량을 증가시켜 두뇌활동을 돕는다.

건망증을 심각하게 받아들이지 않는다
건망증을 걱정하면 그것이 스트레스가 되어 오히려 더 건망증이 심해지는 악순환이 반복된다.

충분한 수면을 취한다
수면부족으로 피로가 쌓이면 건망증이 심해지기 쉽다. 피로는 그때그때 풀고, 충분한 수면을 취해서 뇌의 에너지를 보충해주자.

일을 겹쳐서 하지 않는다
여러 가지 일을 한꺼번에 하면 집중력을 떨어뜨리기 쉽다. 일은 순서를 정해 한 가지씩 집중해서 처리하는 것이 좋다.

땀(다한증)

스트레스 줄이고 체중관리에 신경 쓴다

매실 레몬 스쿼시

+

매실의 구연산과 레몬의 비타민 C가 격렬한 운동 후에 오는 피로를 풀어준다. 땀을 많이 흘리거나 피로할 때, 구연산이 듬뿍 든 매실로 시원한 음료를 만들어 마시면 갈증이 가시고 몸속에 쌓인 피로를 말끔히 풀 수 있다.

66 kcal
비타민 C 6.5mg
칼륨 48.45mg

매실주 1큰술, 레몬즙 2작은술, 물 ½컵, 레몬 1쪽, 시럽(물 · 설탕 3큰술씩), 얼음 적당량

1. 냄비에 물과 설탕을 넣고 끓여 시럽을 만든 뒤 차게 식힌다.
2. ①의 시럽에 매실주와 레몬즙, 물을 고루 섞어 잔에 담는다.
3. 레몬은 껍질째 깨끗이 씻은 후 얇게 저며서 반달 모양을 만들어 ②에 띄우고 얼음을 넣는다.

땀을 다스리는 민간요법

황기 잠잘 때 땀이 많이 나거나 가만히 있어도 땀이 흐를 때는 황기 12g을 물에 달여 하루 세 번씩 식사 후 먹는다. 몸이 허약하거나 병을 앓고 난 다음, 식은땀을 많이 흘리는 데도 효과가 있다.

참깨 참기름 한 숟가락을 거품이 없어지도록 끓여서 저은 다음 달걀 3개를 넣고 섞는다. 하루 세 번씩 식사 전에 먹는다. 참기름은 몸이 약하면서 땀을 많이 흘리는 데 효과적이다.

귤껍질 불에 구운 것을 가루 내어 한 번에 3~4g씩 하루 2~3회 더운물에 타서 먹는다. 땀을 멈추는 작용이 있으므로 식은땀을 많이 흘리는 데 쓴다.

차조기잎 이전에는 땀을 많이 흘리는 체질이었으나 갑자기 땀이 나지 않는 경우가 있다. 흘려야 할 땀을 못 흘리고 오랫동안 땀이 나지 않는 데는 차조기잎과 귤껍질을 달여 차처럼 마시면 도움이 된다.

박하잎 박하는 독기를 배출하는 땀을 나게 해준다. 특히 냉방병으로 인한 여름 감기에 좋다. 잎을 엽차처럼 뜨거운 물에 우려 마신다.

칡 주스

칡뿌리는 몸이 허하면서 몸집이 비대하고 열이 많은 사람에게 좋다. 갈증을 없애주는 효과도 있어 운동 후 열이 나면서 땀을 많이 흘렸을 때, 또는 술 마신 다음 날 머리가 무겁고 갈증이 날 때 생칡을 즙내어 마시면 좋다.

351kcal
비타민 C 12mg
칼륨 3760mg

생칡 200g, 물 ½컵, 우유 ⅓컵

1 생칡은 칫솔로 문질러가며 물에 깨끗이 씻는다.
2 손질한 칡 토막을 믹서에 넣고 물 ½컵을 넣어 곱게 간다.
3 면 보자기에 한 번 걸러 맑은 즙만 받은 뒤 우유 ⅓컵을 섞어 마신다. 꿀을 조금 섞어 마셔도 좋다.

이런 경우 다한증을 의심해보자

① 땀으로 인해 손에 습진이나 허물이 자주 벗겨진다
② 책이나 시험지가 땀에 젖어 장갑을 껴야 한다.
③ 손에 땀이 많이 나서 필기, 수공예, 컴퓨터, 피아노, 운전 등 수작업에 불편을 느낀다.
④ 손가락이나 손바닥에서 땀이 많이 나서 손바닥이 차갑고 창백하다.
⑤ 악수를 할 때 상대방에게 불쾌감을 준다.
⑥ 겨드랑이에 땀이 많이 흘러 옅은 색 옷이나 블라우스 등을 입기가 꺼려진다.
⑦ 겨드랑이 땀 냄새가 심하다.
⑧ 겨드랑이에 땀이 많이 나서 겨드랑이가 아프거나 피부염이 생겼다.
⑨ 얼굴에 많은 양의 땀이 흘러 얼굴 화장이 얼룩지는 경우가 생긴다.
⑩ 함께 식사를 하거나 이야기를 나눌 때 긴장해서 얼굴에 많은 양의 땀이 흘러 대인관계에 불편을 느끼게 된다.
⑪ 얼굴이 달아오르는 홍조 현상이 생긴다.
⑫ 손에 땀이 많이 나면서 발에도 땀이 심하다.
⑬ 겨울에 땀에 의해 동상에 걸릴 것 같은 경험을 한 적이 있다.
⑭ 피아노를 칠 때나 악기류를 만질 때, 컴퓨터 자판을 칠 때 손이 미끄러워 불편하다.

탈모

식물성 단백질과 비타민, 미네랄을 섭취한다

탈모 예방에 좋은 식품 & 나쁜 식품

머리카락의 성분은 대부분 동물성 단백질로 이루어지므로 탈모 예방을 위해서는 평소 콩, 찹쌀, 두부, 우유, 생선 등 단백질과 비타민이 풍부한 음식을 섭취하도록 한다. 이밖에 머리카락 성장을 촉진하는 다시마, 미역 등의 해조류와 비타민 C도 탈모 예방에 좋은 식품이다.

또한 녹차와 사과, 포도, 보리, 콩은 남성호르몬을 억제시키고 여성호르몬을 분비시켜 탈모의 진행을 억제한다. 철분제와 오렌지주스 등도 권장된다.

아연이 부족하면 탈모가 생기는데 육류, 해조류, 우유 등 아연이 풍부한 식품들을 섭취하는 것도 도움이 된다.

모발에 중요한 요소인 비오틴이 풍부한 달걀노른자, 필수지방산이 풍부한 콩기름, 해바라기씨도 탈모를 예방하는 식품들이다.

반면, 남성호르몬을 미량이라도 함유하고 있는 밀눈, 효모, 땅콩 등은 섭취하지 않아야 한다. 산성식품이나 동물성 지방이 많은 식품, 햄버거처럼 포화지방산이 많은 인스턴트식품, 커피, 설탕도 금물이다.

녹차 라테

녹차는 탈모를 유발하는 호르몬 DHT 생성을 억제하고 모세혈관을 확장해 혈액순환을 좋게 하는 효과가 있다. 물도 혈액순환을 좋게 하므로 탈모가 걱정된다면 습관적으로 녹차를 마시는 것이 좋다.

녹차가루 2작은술, 해바라기씨 1큰술, 우유 1컵, 꿀 적당량

1. 해바라기씨는 분마기에 곱게 간다.
2. 우유 1컵을 데운 후 녹차가루, 해바라기씨가루를 잘 타서 마신다.
3. 입맛에 따라 꿀을 조금 타서 마신다.

표고버섯 다시마 두유

\+

모발은 여러 아미노산이 결합돼 있어 콩과 같은 식물성 단백질을 충분히 섭취하는 것이 좋다. 수아미노산이 풍부한 검은콩에 비타민 D가 풍부한 표고버섯, 미네랄이 풍부한 다시마를 배합해 음료로 만들어 마시면 효과가 배가 된다.

표고버섯 · 다시마 ½큰술씩, 검은콩 1½큰술, 우유 1컵, 꿀 적당량

1. 표고버섯과 다시마, 검은콩은 마른 행주로 깨끗이 닦는다.
2. 손질한 재료는 분마기로 곱게 간다. 방앗간이나 선식대리점에서 갈면 좋다.
3. 우유 1컵에 가루를 타서 마신다. 꿀을 첨가해 마셔도 좋다.

사과 포도 주스

\+

탈모 예방을 위해서는 혈액순환을 원활하게 해주는 것이 좋다. 사과와 포도는 각종 유기산과 미네랄이 풍부해 신진대사를 활발하게 하며 혈액순환을 도와준다. 신진대사가 활발하면 탈모 예방에도 좋다.

232kcal

칼슘 37mg

사과 1개, 포도 200g

1. 잘 익은 사과와 포도를 준비한다.
2. 사과는 껍질을 벗기고 씨를 도려낸 후 적당한 크기로 자른다. 포도는 깨끗이 씻어 식촛물에 담갔다가 건진 후 씨만 제거한다.
3. 사과와 포도를 믹서에 갈아 거즈에 한 번 거른 다음 입맛에 따라 꿀을 넣어 마신다.

알아두세요

내 몸을 살리는 웰빙 음료

야채주스

우리 몸에 꼭 필요한 영양소가 그대로 담긴 살아 있는 영양의 총집합체. 야채를 갈아서 흡수가 잘 되고 영양 효율이 높다. 풍부한 비타민과 미네랄, 섬유질이 피로 해소와 변비 개선은 물론 성인병과 암을 예방하는 효과가 있어 야채주스 한 잔이면 보약이 부럽지 않다.

야채주스, 이래서 좋다

비타민과 미네랄 공급원이다 우리가 생활하는 데 없어서는 안 될 영양소가 바로 비타민이다. 비타민에는 여러 종류가 있지만 특히 우리에게 필요한 것은 비타민 A · B_1 · B_2 · C이다. 생야채로 만든 주스에는 이런 다양한 종류의 비타민이 풍부하게 들어 있으므로 비타민 결핍으로 인한 각기병, 야맹증, 소화기 · 호흡기 기능 저하 등의 질병이 예방된다.
특히 비타민은 인체 면역력을 높여 병에 잘 걸리지 않는 체질로 바꾸어주는 효과가 있다.

만성질환 예방 · 치료 효과가 있다 우리 몸에는 대사과정에서 유리기라는 물질이 생성되는데, 이 물질이 다시 과산화지질을 생성시켜 동맥경화나 암, 당뇨병 등을 유발한다. 야채주스에는 베타카로틴, 비타민 C, 후라보노이드 등의 항산화 물질이 들어 있어 유리기를 제거하고 각종 질병을 예방 · 치료해준다. 항암 작용이 뛰어난 베타카로틴은 위암과 난소암, 유방암, 폐암 등에 효과가 있으며, 비타민 C는 면역조직의 활동을 활발하게 하고 항체 생성을 도와주는 등 만성질환 예방 · 치료에 효과가 있다.

신진대사가 원활해진다 우리 몸은 약알칼리성이 유지되어야 건강을 지킬 수 있는데, 쌀밥을 주식으로 하는 우리나라 사람들은 체질이 산성인 경우가 대부분이다.
그런데 야채주스를 꾸준히 마시면 녹즙에 들어 있는 칼륨을 비롯한 미네랄이 우리 몸을 중화시켜주므로 약알칼리성을 유지할 수 있게 된다. 즉 자연스럽게 체질을 개선시켜 신진대사를 원활하게 하므로 피로가 풀리고 체력이 강화된다.

변비가 사라지고 숙변이 제거된다 장에 숙변이나 노폐물이 쌓이면 소화기능이 떨어질 뿐 아니라 각종 부패균이 생성돼 피가 탁해지고 몸이 산성화되며, 각종 질병에 대한 저항력이 떨어진다. 야채주스의 섬유질과 미네랄이 장벽을 깨끗이 청소해 장의 연동운동을 촉진하고 장내 유독 물질의 부패를 억제하며 장 속 노폐물을 밖으로 배출시키므로 숙변이 제거된다. 야채주스를 처음 마시면 가스가 차기도 하는데 장이 정화되면서 나타나는 자연스런 현상이므로 걱정할 필요가 없다.

혈액을 맑게 하고 저항력을 길러준다 신진대사가 원활치 못하면 우리 몸에 있는 각종 독성분이 정상 세포를 변형시키거나 파괴하고 저항력을 떨어뜨려 대사 작용을 방해한다. 그러나 야채주스를 꾸준히 마시면 야채 속에 함유된 효소와 비타민, 미네랄 등이 몸속의 독을 제거하고 밖으로 배출시키기 때문에 혈액이 맑아진다. 깨끗한 피는 저항력을 강하게 하므로 몸속의 모든 유해균에 맞설 능력이 생기고, 세포에 활력이 생겨 노화가 방지된다.

야채주스 제대로 마시는 법

즉시 마셔야 효과가 좋다 야채의 중요한 성분인 베타카로틴과 비타민 C는 공기에 노출되면 파괴될 가능성이 매우 높으므로 가능한 한 만든 즉시 마시도록 한다. 바로 마시지 않을 경우 뚜껑을 꼭 덮고 냉장 보관한다.

아침 공복에 마신다 야채주스는 아침 공복에 마시는 것이 가장 좋다. 속이 비어 있어야 흡수가 빠르고 다른 음식물과 섞이지 않으므로 야채의 좋은 효과를 100% 활용할 수 있기 때문이다. 아침에 일어나 먼저 1컵 정도의 생수를 마신 뒤 주스를 마시면 몸에 흡수가 잘 돼 더 큰 효과를 볼 수 있다. 점심이나 저녁에 마실 때는 식사 30분 전이나 식사 2~3시간 후에 마셔야 위에 부담이 없고 소화 · 흡수가 잘 된다.

150~200mL씩 하루 3번 마신다 야채주스는 개인의 체질과 증상에 따라 마시는 방법이 다르지만 보통 하루 150~200mL씩 3번 마시는 게 적당하다. 마시기 시작한 후 설사가 난다면 양을 조금 줄이도록 한다.

설탕은 되도록 넣지 않는다 야채주스를 만들 때 단맛은 되도록 첨가하지 않는 것이 좋다. 먹기 거북할 때는 입맛에 맞을 정도만 넣고, 흰 설탕보다는 꿀이나 흑설탕을 사용하도록 한다.

차가울수록 마시기 좋다 야채주스는 차가울수록 특유의 향이 덜 느껴져 마시기 한결 편하고 산화를 막을 수 있다. 소화기능이 약한 사람은 너무 차지 않게 해서 한 모금씩 천천히 마신다.

천천히 씹는 기분으로 마신다 씹히는 것이 없더라도 씹는 기분으로 마시는 것이 좋다. 침과 함께 섞어 천천히 마셔야 소화도 잘 되고 좋은 영양소가 고루 흡수된다.

레몬즙이나 사과주스 등으로 맛을 더한다 야채만으로 즙을 낼 경우 단맛도 없고 특유의 쓴맛이 나서 먹기 어려운 경우가 많다. 이럴 때는 레몬이나 사과 등 맛과 향이 좋은 과일즙을 섞어 마시면 좋다.

몸에 좋은 야채, 영양과 효능

당근 여성들의 피부 미용식으로 인기. 당근에 함유된 비타민 A는 인체에 흡수되면 피부와 점막을 강화시켜 면역력과 저항력을 높여주고 암과 노화를 예방해준다. 또한 풍부하게 함유된 비타민 B · C와 칼슘, 칼륨, 철 등이 조혈작용을 하고 식욕을 촉진시킨다. 이밖에 근시, 노안, 야맹증과 같은 시력장애가 개선된다.

오이 90% 이상이 수분으로 이루어진 대표적인 여름 채소. 비타민 A와 C, 미네랄이 풍부한 알칼리성 식품으로 여성들의 피부미용 재료로 가장 많이 이용된다. 오이에 다량으로 들어 있는 칼륨 성분이 체내 노폐물을 배설시켜 몸을 가볍게 해주고, 이뇨작용이 있어 부종과 갈증 해소에도 큰 효과가 있다. 갈증 날 때 물 대신 오이를 먹으면 갈증이 줄어든다.

상추 풍부한 철분과 비타민 A가 빈혈을 예방해주고 비타민 B군과 칼슘 등의 작용으로 체질 개선 효과가 있다. 특히 신경 안정과 불면증, 정신적 피로 해소에 좋으며 꾸준히 마시면 빈혈, 냉증, 습진에 효과가 있다.

감자 풍부한 칼륨이 몸속의 불필요한 염분을 배출시켜 고혈압을 예방해준다. 날감자를 즙내어 꾸준히 마시면 고혈압이나 궤양, 신장병 개선 효과가 있다. 기관지천식이나 피부병 등을 낫게 하며 체지방과 부기를 내려주는 효과도 있다.

피망 비타민 C가 레몬과 맞먹을 정도로 많고, 비타민 B_1 · B_2 · D · P와 섬유질, 철분, 칼슘도 풍부하다. 피망에 풍부한 비타민 A와 C가 신진대사를 원활하게 하고 몸속을 정화시켜준다. 피망의 엽록소나 섬유질에는 콜레스테롤 수치를 낮춰주는 효과가 있고, 칼륨이나 비타민 P는 고혈압, 동맥경화 예방에 효과적이다.

브로콜리 비타민 C 함유량은 레몬의 2배, 감자의 7배이며 그 외에 비타민 A · B_1 · B_2 · K와 칼륨, 철분, 인, 칼슘 등의 미네랄이 들어 있어 피부 노화를 막고 인체 면역력을 높여준다. 또한 베타카로틴이 풍부하게 들어 있어 각종 성인병과 암을 예방하며, 특히 유방암에 대한 면역기능이 높아 여성들에게 좋다.

토마토 식욕을 증진시키고 소화를 돕는 토마토. 산성식품을 중화시키는 역할을 하므로 육식을 많이 섭취하는 사람에게 효과적이다. 토마토의 루틴 성분은 모세혈관을 튼튼하게 하고 혈압을 내리는 작용을 하므로 고혈압이나 동맥경화 환자에게 특히 권할 만하다. 최근에는 암 예방 식품으로도 주목받고 있다.

셀러리 셀러리에 풍부한 칼륨은 체내에 쌓인 불필요한 염분을 밖으로 배출시키고, 섬유질은 배변활동을 원활하게 해 변비를 개선시킨다. 독특한 향에는 신경을 안정시키고 피로를 풀어주며 식욕을 돋우는 효과가 있어 신경을 많이 쓰는 수험생이나 직장인들에게 유익하다. 한방에서는 혈압을 내리고 피를 맑게 하는 등의 작용이 있다고 널리 이용해왔다.

호박 비타민 A와 B군도 풍부하고 칼슘, 철분 등의 미네랄이 균형 있게 들어 있다. 특히 카로틴 함량이 매우 높은 편인데, 카로틴은 체내에 들어가면 비타민 A의 효력을 발휘해 점막을 강화시키고 몸을 따뜻하게 하며 기침을 가라앉혀준다. 또한 칼륨 등 미네랄이 이뇨를 도우므로 출산 후 부기가 남아 있는 산모에게 유익하다.

케일 비타민 A · B군 · C · P와 칼슘, 철분, 인 등의 미네랄이 풍부한데, 특히 비타민 A는 베타카로틴의 형태로 다량 함유돼 있어 암을 예방하는 효과가 크다. 그 밖에도 비타민 A는 세포의 성장과 발육을 돕고 눈과 피부점막을 보호하며 면역기능을 활성화시킨다. 비타민 B_2는 만성피로를 풀어주고 식욕을 증진시키며, 비타민 C는 피부를 매끄럽고 윤기 있게 가꾸어준다.

마 소화 효소인 디아스타제가 무의 3배나 돼 마를 먹으면 소화가 아주 잘 된다. 미네랄 또한 풍부해서 신진대사를 원활하게 조절하므로 강장·강정 효과가 뛰어나다. 마의 점액질에는 사포닌과 아르기닌이 들어 있는데, 이 성분들이 호르몬 분비에 관여해 스태미나를 좋게 하고 혈압을 정상화시킨다.

알로에 세포를 활성화시켜 위나 장의 궤양 등에 효과가 있다. 특히 강한 살균·항균작용이 있어 상처를 재생시킨다. 혈액순환을 촉진시키며 간장·신장의 대사기능을 높여 유해물질을 제거하는 효과도 있다. 감기에도 효과를 발휘해 목의 염증을 완화시켜주는 한편, 변통을 좋게 하는 효과도 있다. 아보레센스, 베라, 사포나리아의 3가지 종류가 있다.

부추 비타민 A와 C가 풍부한 부추는 강장, 강정 효과가 뛰어나고 혈액순환을 촉진하는 효능이 있어 민간요법에 많이 쓰인다. 또한 피를 맑게 하고 몸을 따뜻하게 하는 작용도 뛰어나 몸이 냉하거나 생리불순이 있는 경우 부추 주스를 꾸준히 마시면 증상이 개선된다. 변비나 설사, 빈혈 등에도 효과적이다.

미나리 독특한 향이 식욕을 돋워주며 해열, 황달에 뛰어난 효과가 있다. 부인병, 음주 후의 두통·구토에 좋을 뿐 아니라 식욕증진, 혈액순환에 도움이 된다. 카로틴과 비타민 C, 철분, 칼슘은 빈혈과 골다공증을 예방하며 독특한 향에 들어 있는 방향성 정유 성분은 보온·발한 작용을 하므로 감기·냉증 치료에 좋다.

양파 매운맛을 내는 유화알릴 성분이 소화액의 분비를 돕고 신진대사를 좋게 하며 혈액 중의 콜레스테롤 수치를 떨어뜨려 뇌졸중, 심근경색, 동맥경화를 예방한다. 또한 비타민 B_1 부족에서 오는 피로, 식욕부진, 신경 불안정, 정력감퇴 등에 효과적이며 당뇨병을 예방·치료해주기도 한다. 정력을 좋게 하는 효과도 뛰어나다.

마늘 마늘은 혈액을 순환시켜 신진대사를 활성화시키고, 혈전을 용해시켜 심장질환이나 뇌혈관질환을 예방하는 효과가 있다. 특히 호르몬 분비를 활발하게 하고 성 기능을 회복시켜주므로 정력 증강에 효과가 큰 것으로 알려져 있다. 최근에는 마늘에 암은 물론 각종 질병을 예방하는 성분이 들어 있다 하여 화제가 되고 있다.

완두콩 필수아미노산이 많이 들어 있고 이소플라본, 사포닌 등 기능성 물질이 풍부하다. 다른 콩보다 비타민 A와 C, 섬유질이 풍부하며 철분, 칼슘, 인 등의 함유량도 많아 영양소를 균형 있게 섭취할 수 있다. 특히 당뇨로 갈증이 날 때 완두콩즙을 꾸준히 마시면 좋다. 이뇨 효과도 좋을 뿐 아니라 어린아이나 노인의 습관성 설사를 개선시키는 효과도 있다.

시금치 채소 중 비타민 A가 가장 많이 함유된 녹황색 채소. 비타민 C와 비타민 $B_1 \cdot B_2 \cdot B_6$, 엽산, 철분, 칼슘, 요오드도 풍부하다. 특히 조혈작용을 하는 철분과 엽산이 풍부해 빈혈에 효과적이다. 그뿐만 아니라 체내에 유해한 요산을 배출시키므로 통풍, 류머티스, 관절염 등에 큰 효과가 있다.

양배추 비타민 A와 C를 비롯해 칼슘·철분 등의 미네랄, 섬유질, 필수아미노산이 골고루 많이 들어 있다. 특히 비타민 K·U가 풍부해 위나 십이지장 궤양에 좋은 효과를 발휘한다. 또한 몸을 정화시키고 체중을 줄이는 효과도 있어 여성들의 다이어트에도 도움이 된다. 삶거나 익히면 비타민 U가 파괴되므로 되도록 생으로 먹는 것이 좋다.

연근 풍부한 비타민 C가 감기는 물론, 기침이나 가래를 가라앉혀준다. 특히 연근에 풍부한 철분과 타닌 성분이 점막 조직의 염증을 가라앉히므로 위궤양이나 십이지장궤양, 코피에도 뚜렷한 효과를 발휘한다. 또 신경의 피로를 해소시키는 작용이 있어 스트레스로 인한 불면증, 자율신경의 불안정 등에 효과가 있다.

무 비타민 A·B·C 외에 디아스타제 등의 효소와 섬유질이 풍부해 소화가 잘 된다. 기침을 가라앉히는 효과도 있고 담배의 니코틴 성분을 제거하는 작용도 있다. 무는 또한 몸을 차갑게 하는 작용이 있어 더위에 지치거나 숙취가 있을 때, 속이 쓰린 경우에 효과적이며 섬유질이 풍부해 대장암 예방에도 좋다.

고구마 셀룰로오스라고 하는 섬유질이 배설을 촉진해 변비를 예방해준다. 배설이 잘 되면 숙변이 쌓이지 않으므로 대장암이 예방된다. 대장암 외에 폐암과 위암에도 효과가 있다. 고구마에는 또 칼륨도 풍부해서 불필요한 염분을 소변과 함께 배출시켜주므로 각종 성인병을 막아주기도 한다.

part 2

for Woman

여성을 위한 미용주스

70kcal

비타민 C 84mg

레몬 주스

레몬에 풍부한 비타민 C가 기미, 주근깨가 생기는 것을 막아주고 이미 생긴 잡티를 옅게 해준다. 비타민 C의 보조 역할을 하는 비타민 P는 혈색을 좋게 하고, 풍부한 유기산이 세포를 활성화시켜 피부에 생기가 돌게 한다.

레몬 1개, 물 ⅔컵, 설탕 1큰술

1. 레몬은 껍질을 벗기고 씨를 뺀 다음 쪽을 가른다.
2. 껍질 벗긴 레몬을 물과 함께 믹서에 곱게 간다.
3. 설탕 1큰술을 넣어 고루 섞이게 한 다음 마신다.

딸기 주스

멜라닌 색소의 침착을 막는 비타민 C가 과일 중 가장 많아 딸기 4개만 먹으면 하루의 최소 필요량을 충족시킬 수 있다. 우유 및 유제품과 궁합이 맞으므로 연유를 뿌려 먹거나 주스를 만들 때 우유를 첨가하면 좋다.

딸기 10개, 우유 ½컵, 꿀 적당량

1. 싱싱하고 잘 익은 딸기 10개를 준비한다.
2. 딸기는 꼭지를 따서 흐르는 물에 씻은 후 식초나 숯가루를 탄 물에 5분 정도 담갔다가 건져 물기를 뺀다.
3. 우유 ½컵과 함께 믹서에 갈아 꿀을 조금 넣어 마신다.

73 kcal
비타민 C 47mg

파인애플 파파야 주스

노란 색의 열대 과일 파파야는 비타민 B군과 C가 풍부해 파인애플과 함께 주스를 만들면 피부를 매끄럽고 윤기 있게 가꿀 수 있다. 파인애플에 풍부한 섬유질이 변비를 해소시켜 얼굴에 잡티를 없애주는 이중의 효과가 있다.

\+

파인애플 200g, 파파야 ¼개, 물 ⅓컵

1. 파인애플은 껍질을 벗기고 딱딱한 심지를 도려낸다.
2. 파파야는 껍질을 벗기고 반 가른 후 속의 씨를 발라낸다.
3. 파인애플과 파파야를 적당한 크기로 잘라 믹서에 넣고 물을 부어 곱게 간다.

오렌지 주스

200 kcal
비타민 B_2 0.1mg
비타민 C 230mg

비타민 C와 섬유질이 풍부해 피부미용과 변비 개선 효과가 있다. 오렌지 한 개면 비타민 C 하루 섭취량을 채울 수 있다. 특히 오렌지에 풍부한 비타민 C는 멜라닌 생성을 억제해 피부를 희고 부드럽게 가꾸어준다.

오렌지 2개, 물 ⅓컵

1 오렌지의 껍질을 벗기고 속껍질을 정리한 다음 적당히 쪽을 나눈다.
2 믹서에 오렌지와 물 ⅓컵을 붓고 곱게 간다. 물 분량이 많으면 설탕을 조금 첨가해도 좋다.

잔주름·피부 노화

비타민과 수분 보충이 중요하다

복숭아 주스

복숭아를 많이 먹으면 미인이 된다는 말이 있듯, 각종 유기산과 비타민, 섬유질, 미네랄이 풍부해 종합영양제라 불린다. 복숭아의 비타민 A와 C가 피부를 곱게 가꾸어주고 얼굴색을 좋게 한다.

133kcal
비타민 C 14mg
비타민 E 2.27mg

복숭아(백도) 1개, 요구르트 ½컵

1 잘 익은 복숭아(백도)와 요구르트를 준비한다.
2 복숭아는 깨끗이 씻어서 식촛물에 담가 농약 성분을 제거한 뒤 껍질째 적당한 크기로 자른다.
3 믹서에 복숭아와 요구르트를 함께 넣고 갈아 마신다.

망고 주스

망고에 풍부한 비타민 A와 C가 피부의 상피조직과 각 기관의 세포기능을 활성화시키고 피부에 잡티가 생기는 것을 억제한다. 망고씨 오일은 피부에 촉촉함을 주고 과육은 피부를 희고 매끄럽게 가꾸어준다.

95kcal
비타민 A 226RE
비타민 C 13mg

망고 1개, 우유 ⅓컵, 레몬즙 1작은술

1 망고는 껍질을 벗기고 씨에서 과육만 도려내어 적당한 크기로 자른다.
2 망고와 우유를 함께 믹서에 곱게 간다.
3 레몬즙을 1작은술 정도 첨가해 마신다.

아보카도 우유 스무디

+

아보카도에는 트립토판, 리신 등 양질의 단백질과 불포화지방산, 비타민 E 등 각종 영양소가 듬뿍 들어 있다. 아보카도에 풍부한 비타민 E와 불포화지방산은 세포를 젊게 유지시키고 피부 노화를 막아주는 효과가 있다.

아보카도 1개, 우유 ½컵, 꿀 1큰술

1. 잘 익어서 짙은 밤색을 띠는 아보카도를 준비한다.
2. 아보카도는 반 갈라 껍질을 벗기고 씨를 뺀 후 적당한 크기로 자른다.
3. 아보카도와 우유를 함께 믹서에 넣고 곱게 간 후 꿀을 1큰술 정도 첨가한다.

피부를 젊게 가꾸는 비결

충분한 수면은 피부에 보약이다

피부의 신진대사가 가장 활발한 밤 11시부터 새벽 2시까지는 반드시 잠자리에 들도록 한다. 적어도 하루 7시간은 수면을 취해야 피부가 좋아진다.

균형 있는 영양 섭취가 중요하다

피부를 위해서는 비타민과 미네랄을 충분히 섭취해야 하지만, 그렇다고 세포조직을 만드는 기능을 하는 단백질을 소홀히 해서는 안 된다. 균형 잡힌 식생활이 가장 바람직하다.

인스턴트 기호식품을 줄인다

패스트푸드나 라면, 커피 · 홍차와 같은 인스턴트 식품은 신경을 불안하게 할 뿐 아니라 피부 모세혈관을 확장시켜 피부를 거칠게 만드는 원인이 되므로 되도록 적게 먹는다.

자외선 차단에 신경 쓴다

피부 노화의 가장 큰 원인은 자외선. 햇볕에 장시간 노출되는 것은 피하고 외출할 때는 자외선 차단 기능이 있는 제품을 바르는 것이 좋다.

스트레스를 관리한다

스트레스를 받으면 피부가 건조해지고 쉽게 피로를 느낀다. 적절한 운동과 취미활동으로 스트레스를 풀어버리는 것이 피부를 위해서도 좋다.

수분 공급을 위해 차를 자주 마신다

녹차, 홍차 등 차를 규칙적으로 마시면 노화 속도가 늦춰진다는 연구사례가 많다. 차에는 항산화제가 풍부해 노화를 촉진시키는 유해산소를 막아낸다.

미백

비타민 C가 화이트닝을 돕는다

딸기 주스

투명하고 하얀 피부를 위해서는 딸기를 많이 먹는 것이 좋다. 딸기에 풍부한 비타민 C는 피부에 멜라닌 색소가 침착하는 것을 막아주므로 잡티 예방에 효과적이다. 우유나 요구르트 등과 섞어 주스를 만들면 영양 효율이 높다.

74kcal
비타민 C 51mg
칼륨 233mg

딸기 10개, 우유 ½컵, 꿀 적당량

1 싱싱하고 잘 익은 딸기 10개를 준비한다.
2 딸기는 꼭지를 따서 흐르는 물에 씻은 후 식초나 숯가루를 탄 물에 5분 정도 담갔다가 건져 물기를 뺀다.
3 우유 ½컵과 함께 믹서에 갈아 꿀을 조금 넣어 마신다.

오렌지 주스

사계절 가장 손쉽게 먹을 수 있는 미용 과일이 오렌지다. 수분이 많아 주스로 많이 이용되며, 풍부한 비타민 C는 멜라닌 생성을 억제해 피부를 희고 부드럽게 가꾸어준다. 섬유질이 풍부해 변비를 개선시키는 효과도 있다.

160kcal
비타민 C 184mg
칼륨 504mg

오렌지 2개, 물 ⅓컵

1 오렌지의 껍질을 벗기고 속껍질을 정리한 다음 적당히 쪽을 나눈다.
2 믹서에 오렌지와 물 ⅓컵을 붓고 곱게 간다. 물 분량이 많으면 설탕을 조금 첨가해도 좋다.

파파야 오이 주스

파파야는 카로틴이 풍부하고 비타민 C가 많이 들어 있어 미백 효과가 뛰어나다. 여기에 미네랄이 풍부한 오이를 첨가하면 여성들의 피부미용에 아주 좋다. 오이의 칼륨 성분이 신진대사를 좋게 해서 피부를 맑게 가꾸어준다.

파파야 ½개, 오이 ½개, 레몬 ½개, 물 ⅓컵

1 실온에서 숙성시켜 오렌지 빛을 띠는 파파야를 준비해 껍질을 벗기고 반 가른 후 속의 씨를 긁어내고 적당한 크기로 자른다.
2 오이는 소금으로 문질러 물에 씻은 후 적당한 크기로 자른다.
3 믹서에 파파야와 오이를 넣고 물을 부어 곱게 간다. 레몬을 반 갈라 즙내어 고루 섞어 마신다.

파프리카 키위 주스

비타민 C와 베타카로틴이 다른 야채에 비해 아주 많은 파프리카는 피부에 좋은 야채로 알려져 있다. 아토피뿐만 아니라 여성들의 피부 보호에도 탁월하다고 알려져 있다. 역시 비타민이 풍부한 키위와 함께 주스를 만들면 한결 맛이 좋다.

파프리카 1개, 키위 ½개, 물 ½컵, 꿀 · 레몬즙 조금씩

1 파프리카는 반을 갈라 씨를 제거하고 적당한 크기로 자른다.
2 키위는 껍질을 벗기고 적당히 자른다.
3 파프리카와 키위, 물을 함께 믹서에 간다. 꿀과 레몬즙을 넣어 섞으면 맛이 한결 좋아진다.

여드름

기름진 음식 피하고 물을 많이 마신다

알로에 주스

신체 세포액을 개선시켜 정상세포로 하여금 같은 성질의 세포를 형성하도록 도와주는 작용을 한다. 따라서 염증성 질환에 효과가 있다. 특히 강한 살균 · 항균작용이 있어 상처 부위의 감염을 예방하는 효과가 뛰어나다.

알로에(알로에 베라 또는 아보레센스) 130g, 물 ⅔컵, 꿀 1큰술

1 알로에는 칼로 두꺼운 껍질을 벗긴다.
2 알로에를 적당한 크기로 썰어 믹서에 넣고 물을 부어 함께 간다.
3 꿀 1큰술을 고루 섞어서 마신다.

멜론 우유 주스

+

멜론은 칼륨이 풍부해 이뇨작용을 돕고 신진대사를 활발하게 한다. 정장작용이 뛰어난 요구르트를 섞으면 변통이 좋아진다. 변비 등으로 피부에 여드름이 나는 사람은 멜론과 우유를 섞어서 주스를 만들어 마시면 좋다.

멜론 ¼개, 우유(또는 요구르트) ⅓컵

1 멜론은 껍질을 벗긴 후 속의 씨를 긁어내고 적당한 크기로 자른다.
2 믹서에 멜론을 넣고 우유를 부은 후 함께 믹서에 간다.

오이 무 주스

오이에 다량으로 들어 있는 칼륨 성분이 체내 노폐물을 배설시켜 피부미용 효과가 있다. 무는 여드름의 염증을 진정시키고 여드름이 늘어나는 것을 방지한다. 무즙을 짜서 세안 후에 발라도 좋고 무를 갈아 마셔도 좋다.

+

오이 1개, 무 150g, 레몬즙 2작은술

1 오이는 껍질째 굵은 소금으로 문질러 깨끗이 헹구고, 무는 껍질째 수세미로 박박 씻어 물에 헹군다.
2 손질한 오이와 무를 적당한 크기로 잘라 믹서에 곱게 간다.
3 레몬즙을 2작은술 뿌려 마신다.

여드름에 관한 오해와 진실

세안을 자주 해야 한다?

지나치게 잦은 세안은 오히려 피부를 건조하게 한다. 세안은 하루 3회를 넘지 않도록 한다.

알코올 성분으로 피부를 살균해야 한다?

알코올 소독이 도움이 될 수 있지만 피부에 자극을 주지 않는 수준의 적정 농도를 맞추기가 어려울 뿐만 아니라 닦아낼 때 피부를 손상시킬 수 있다.

햇볕을 쬐어야 여드름이 소독된다?

여드름 환부가 햇볕에 노출되면 자외선에 의해 색소침착을 일으킬 수 있다. 일반적으로 여드름 환자는 로션이나 자외선차단제 사용에 소홀한 경우가 많은데, 이런 습관이 피부 손상을 가져오기 쉽다.

여드름은 지성피부에만 생기다?

피지 분비는 피부 타입과 상관없는 정상적인 생체 활동으로 피지 분비의 양과 별 상관이 없다.

여드름은 짜지 않으면 점이 된다?

여드름을 그대로 두면 점이 된다고 알고 있으나 이는 오해다. 피부 밖으로 배출되지 못한 피부 덩어리의 일부가 산화된 경우인 흑색 여드름을 점으로 오인하는 경우가 많다.

불면증

스트레스 줄이고 잠자는 시간을 일정하게

불면증을 개선하는 생활 가이드

① 밤마다 같은 시간에 잠자리에 들고 정해진 시간에 일어난다.

② 운동을 규칙적으로 하되, 취침 직전에는 너무 격렬한 운동을 피한다.

③ 저녁에 과식하지 않는다. 물론 굶는 것도 좋지 않다.

④ 저녁 식후엔 커피나 홍차와 같이 카페인이 든 음료를 피한다.

⑤ 술은 쉽게 잠들게 하지만 숙면을 취할 수 없게 하므로 마시지 않는다.

⑥ 잠자리에서 잠이 오지 않으면, 자리에서 일어나서 다른 일을 한다.

⑦ 침대는 부부관계와 수면 이외의 목적으로 쓰지 않는다. 책이나 TV는 거실에서 본다.

⑧ 침실을 조용하고 어둡게 하여, 잠을 방해 받지 않게 한다.

⑨ 낮잠은 피한다.

⑩ 수면제의 복용은 단기간 사용하고 되도록 사용하지 않는다.

⑪ 취침 약 2시간 전, 약 30분간 뜨거운 물에 몸을 담그고 목욕을 한다.

⑫ 밤중에 깨어났을 때 시계를 보지 않는다.

상추 민트 주스

+

상추의 쌉쌀한 성분에 진정 효과가 있어서 불안과 근심을 진정시키고 수면을 유도하는 데 도움이 된다. 예로부터 상추를 많이 먹으면 잠이 많아진다고 했듯 불면증이 있거나 신경과민 증세가 있는 사람에게 좋다. 특히 저녁에 먹으면 더욱 효과적이다.

87kcal

비타민 B_1 0.06mg
칼슘 144.7g

상추 잎 3장, 민트 2줄기, 우유 ⅔컵, 레몬즙 또는 사과 주스 1큰술

1 싱싱하고 잎이 푸른 상추를 준비해 흐르는 물에 깨끗이 씻은 후 잎을 적당한 크기로 뜯는다.
2 민트는 물에 헹군다.
3 상추와 민트를 믹서에 갈다가 우유를 붓고 조금 더 간다.
레몬즙이나 사과 주스를 섞으면 먹기가 한결 쉽다. 따뜻하게 데워 먹어도 효과가 좋다.

차조기 주스

차조기는 '자소엽'이라 하여 한방에서 신경증 치료에 이용해왔다. 선천적으로 신경이 예민하고 소화기가 약하며 불면증이 있는 사람에게 차조기 잎은 특히 좋다. 향이 독특해 거부감이 느껴진다면 레몬즙을 뿌려서 먹는다.

차조기 잎 2장, 물 ⅔컵, 레몬즙 2작은술

1 차조기 잎을 흐르는 물에 깨끗이 씻은 후 잘게 썬다.
2 믹서에 넣고 물을 부어 곱게 간다.
3 레몬즙을 뿌려서 따뜻하게 데워 마신다.

Tip 말린 차조기 잎을 뜨거운 물에 충분히 우린 후 수시로 마시는 것도 좋다.

셀러리 브랜디

셀러리에는 비타민 $B_1 \cdot B_2 \cdot C$가 풍부해서 피로를 풀어주고 신경을 안정시키는 효과가 있다. 셀러리 특유의 향을 내는 알비올 성분이 뇌신경을 진정시켜 마음을 차분히 가라앉혀준다. 브랜디 몇 방울을 떨어뜨려 마시면 잠이 잘 온다.

셀러리 100g, 물 ½컵, 브랜디 2작은술, 꿀 1큰술

1 셀러리는 깨끗이 씻어 물기를 뺀 후 잘게 썬다.
2 믹서에 물과 함께 곱게 간다.
3 여기에 브랜디와 꿀을 넣어 고루 저은 후 따뜻하게 데워 마신다.

변비

수분과 섬유질을 충분히 섭취한다

당근 요구르트 주스

변비가 심할 때 당근 요구르트 주스를 마시면 효과가 아주 좋다. 당근의 펙틴과 요구르트의 살아 있는 유산균이 정장작용을 해 변비를 개선시키고 장을 튼튼하게 한다. 유산균은 장에 있는 음식 찌꺼기들을 분해시키는 작용도 한다.

+

당근 1개, 요구르트 ½컵

1 당근은 깨끗이 손질해 작은 크기로 썬다.
2 당근과 요구르트를 믹서에 넣고 함께 간다.
3 요구르트 대신 플레인 요구르트를 넣고 갈아 걸쭉한 상태로 떠먹어도 좋다.

멜론 우유 주스

이뇨작용이 좋은 멜론에 정장작용이 뛰어난 요구르트를 섞으면 소화력이 좋아져 변을 순조롭게 볼 수 있다. 변비로 피부에 여드름이 나고 부기가 있으며 물살이 찌는 사람은 멜론과 요구르트를 섞어서 주스를 만들어 마시면 좋다.

+

멜론 ¼개, 우유(또는 요구르트) ⅓컵

1 멜론은 껍질을 벗긴 후 속의 씨를 긁어내고 적당한 크기로 자른다.
2 멜론을 믹서에 넣고 우유를 부은 후 곱게 갈아 마신다.

사과 요구르트 주스

사과는 섬유질이 풍부해 장을 튼튼하게 해준다. 여기에 유산균이 풍부한 요구르트를 섞어서 주스를 만들면 정장 효과가 더욱 높아져 변비가 개선된다. 그뿐만 아니라 사과와 요구르트의 새콤한 맛이 위에 자극을 줘 식욕을 돋워준다. 이때 사과는 껍질째 사용하면 효과를 더욱 높일 수 있다.

사과 1개, 요구르트 ½컵

1 사과는 씻어서 껍질을 벗기고 씨를 제거한 후 적당한 크기로 자른다.
2 믹서에 사과를 넣고 곱게 간다.
3 사과 간 것에 요구르트를 넣고 다시 한 번 믹서에 갈아 마신다.

고구마 라테

고구마에는 셀룰로오스라고 하는 섬유질이 풍부한데, 이것이 배설을 촉진하는 작용을 한다. 배설이 잘 되면 숙변이 쌓이지 않아 대장암이 예방된다. 고구마에는 칼륨도 풍부해서 불필요한 염분을 소변으로 배출시켜주기도 한다.

고구마 1개, 우유 1컵, 아몬드 ½큰술

1 고구마는 껍질을 벗기고 적당한 크기로 잘라 찜통이나 전자레인지에 찐다.
2 우유를 전자레인지에 데운 후 찐 고구마와 함께 믹서에 간다.
3 컵에 담은 후 아몬드를 잘게 부수어 위에 뿌린다.

비타민과 섬유질이 지방 대사를 돕는다

오이 멜론 주스

멜론과 오이는 둘 다 나트륨이 적고 칼륨 함량이 높은 과일이다. 칼륨은 체액 속의 염분을 소변으로 배출시켜주는 작용을 하므로 몸이 붓고 물살이 찐 경우 오이 멜론 주스가 좋다. 갈아서 먹으면 간편하게 자주 먹을 수 있다.

+

오이 ½개, 멜론 ¼개, 물 ½컵, 레몬즙 조금

1 오이는 소금으로 여러 번 문질러 씻어 물에 헹군 후 적당한 크기로 자른다.

2 멜론은 껍질을 벗기고 씨를 제거한 후 적당한 크기로 자른다.

3 오이와 멜론을 함께 믹서에 갈다가 물 ½컵을 붓고 한 번 더 돌린다. 레몬즙을 조금 첨가한다.

양배추 주스

양배추에는 비타민 A와 C 외에 비타민 U가 풍부하며 칼슘 · 철분 등의 미네랄, 섬유질, 필수 아미노산이 골고루 많이 들어 있다. 몸을 정화시키고 체중을 줄이는 효과가 있어 여성들의 다이어트에 도움이 된다.

131 kcal
칼륨 494mg
식이섬유 1.16g

양배추 100g, 우유 ½컵, 레몬 ½개

1. 양배추는 잎을 떼내어 줄기 사이사이를 깨끗이 씻은 다음 채 썬다.
2. 채 썬 양배추를 우유 ½컵과 함께 믹서에 간다.
3. 레몬을 즙내어 뿌리고 입맛에 따라 꿀을 넣어 마신다.

셀러리 토마토 주스

토마토와 셀러리를 섞어 주스를 만들면 다이어트에 뛰어난 효과를 발휘한다. 셀러리에 풍부한 칼륨은 체내에 쌓인 불필요한 염분을 밖으로 배출시키고, 섬유질은 배변활동을 원활하게 해 변비를 개선시키므로 살이 빠진다.

+

43 kcal
칼륨 676mg
식이섬유 1.7g

셀러리 100g, 토마토 1개, 물 ⅓컵, 레몬즙 2작은술, 얼음 조금

1. 셀러리는 물에 깨끗이 씻은 후 물기를 빼서 잘게 자른다.
2. 토마토는 끓는 물에 담갔다 건져 껍질을 벗긴다.
3. 셀러리와 토마토, 물을 믹서에 모두 넣고 간 다음 얼음을 띄워 마신다. 레몬을 즙내어 조금 첨가하면 맛이 더 좋다.

오이 토마토 주스

체내 수분을 유지해주는 토마토와, 수분과 미네랄이 풍부한 오이를 섞어 주스를 만들어도 다이어트 효과가 크다. 토마토의 섬유질 성분이 배부른 느낌을 주며 오이의 칼륨 성분이 이뇨 효과를 내 몸이 개운해지게 한다. 그러나 오이의 아스코르비나제는 비타민 C를 파괴하므로 식촛물에 살짝 담갔다가 요리한다.

+

52 kcal

칼륨 510.5mg
식이섬유 1.41g

오이 1½개, 토마토 1개, 레몬 ½개

1. 오이는 껍질째 소금으로 문질러 씻은 후 적당한 크기로 자른다.
2. 토마토는 끓는 물에 잠깐 담가 껍질을 벗긴 뒤 적당한 크기로 자른다.
3. 오이와 토마토를 믹서에 넣고 간다. 레몬을 즙내어 조금 넣으면 맛이 더 좋다.

빈혈

고기, 콩, 견과, 녹황색 채소로 철분을 충분히

호박 라테

누런색의 늙은 호박은 카로틴의 함량이 어느 식품보다 높은 편이다. 이 카로틴은 체내에 들어가면 비타민 A의 효력을 발휘해 조혈작용을 돕는다. 계피는 중추신경에 작용해 머리를 맑게 해주므로 함께 주스를 만들면 좋다.

131 kcal
비타민 A 266.0RE
철분 1.91mg

늙은 호박 200g, 우유 1컵, 계핏가루 1작은술

1 늙은 호박은 반 갈라 껍질을 벗긴 후 찜통이나 전자레인지에 찐다.
2 우유는 전자레인지에 따뜻하게 데운 후 찐 호박과 함께 믹서에 곱게 간다.
3 컵에 담아 계핏가루를 조금 뿌려 먹는다.

미나리 당근 주스

+

미나리와 당근에 풍부한 카로틴과 비타민 C, 철분, 칼슘이 빈혈과 골다공증을 예방한다. 미나리의 독특한 향에 들어 있는 방향성 정유 성분은 보온·발한 작용을 해 냉증과 함께 혈액이 부족해 몸이 찬 여성에게 특히 좋다.

74 kcal
비타민 A 1477RE
철분 2.77mg

미나리 100g, 당근 ½개, 물 ½컵, 꿀 1큰술, 레몬즙 1작은술

1 미나리는 깨끗이 다듬어 물에 여러 번 씻은 후 잘게 송송 썬다.
2 당근은 깨끗이 손질해 씻어 적당한 크기로 자른 후 미나리, 물과 함께 믹서에 간다.
3 꿀을 넣고 잘 섞은 후 레몬즙을 1작은술 정도 뿌려 마시면 좋다.

시금치 당근 주스

시금치는 비타민 A가 가장 많이 함유된 녹황색 채소. 비타민 A 외에도 엽산, 철분 등 조혈작용을 돕는 영양소가 풍부하다. 당근 역시 비타민 A가 베타카로틴의 형태로 많이 들어 있고 철분과 엽산도 풍부해 빈혈에 효과적이다.

148kcal
비타민 A 1892RE
철분 3.46mg

시금치 100g, 당근 ½개, 우유 ½컵, 꿀 1큰술

1 시금치는 깨끗이 다듬어 물에 씻은 후 물기를 빼고 잘게 자른다.
2 당근은 깨끗이 손질해 씻어 잘게 썬다.
3 시금치와 당근을 믹서에 곱게 간 후 우유와 꿀을 넣고 한 번 더 돌린다.

자두 주스

칼슘, 칼륨, 철분 등 미네랄과 각종 유기산의 함량이 높아 피로 해소, 빈혈 예방에 효과적이다. 미네랄 중에서 특히 철분 함량이 높아 빈혈이 있는 사람에게 좋으며, 피를 맑게 해 혈액순환을 좋게 하기도 한다.

118kcal
비타민 A 28.1RE
철분 0.42mg

자두 4개, 우유 ½컵, 꿀 적당량

1 잘 익은 자두를 준비해 물에 깨끗이 씻는다.
2 자두는 칼로 살을 도려내면서 씨를 제거한 뒤 껍질째 믹서에 간다.
3 ②에 우유를 붓고 섞듯이 믹서에 한 번 더 돌린다. 신맛이 강하면 꿀을 조금 첨가한다.

고른 영양 섭취와 규칙적인 생활을

솔잎 주스

솔잎에는 혈액의 흐름을 좋게 하는 효과가 있다. 혈액순환이 잘 되면 생리불순이 해결된다. 생리의 양이 너무 많거나 적을 때, 생리 주기가 불규칙할 때 생 솔잎을 믹서에 갈아 주스로 만들어 마시면 월경불순이 개선된다.

94kcal
철분 0,64mg

솔잎 20g, 사이다 ⅔컵, 레몬즙 1작은술, 설탕 시럽 ½큰술

1 솔잎을 깨끗이 씻어 건져 물기를 뺀 후 잘게 썬다.
2 믹서에 넣고 사이다와 함께 곱게 간다.
3 설탕과 물을 반반 섞어 녹인 설탕 시럽과 레몬즙을 섞어 마신다.

부추 당근 주스

+

비타민 A와 C가 풍부한 부추는 혈액순환을 촉진하는 효능이 있어 민간요법에 많이 쓰인다. 피를 맑게 하고 몸을 따뜻하게 하는 작용도 뛰어나 몸이 냉하거나 생리불순이 있는 경우 부추 주스를 꾸준히 마시면 증상이 개선된다. 또한 부추는 스태미나가 떨어진 남성에게도 효과가 있다.

90kcal
철분 3,67mg

부추 100g, 당근 ½개, 물 ½컵, 꿀 1큰술, 레몬즙 1작은술

1 부추는 잘 다듬어 씻은 후 적당한 크기로 썬다.
2 당근은 깨끗이 손질해 씻은 후 적당한 크기로 썬다.
3 믹서에 부추와 당근을 넣고 물 ½컵을 부어 곱게 간다. 마실 때 꿀과 레몬즙을 조금 섞는다.

쑥 주스

쑥은 냉대하나 생리불순, 생리통이 심한 여성에게 좋은 것으로 유명하다. 이것은 쑥에 혈액순환을 좋게 하고 몸을 따뜻하게 하는 효능이 있기 때문이다. 몸을 따뜻하게 하는 작용이 감기나 수족냉증에도 효과를 발휘한다.

어린 쑥 30g, 생강 1쪽 , 물 ⅔컵, 레몬즙 2작은술, 꿀 1큰술

1. 연하고 어린 쑥을 구해서 깨끗이 다듬어 씻은 후 잘게 썬다.
2. 생강은 껍질을 벗기고 저며 놓는다.
3. 쑥과 생강을 물과 함께 믹서에 곱게 갈아 레몬즙, 꿀을 섞어 마신다.

Tip 어린 쑥을 햇볕에 바짝 말렸다가 곱게 가루 내어 뜨거운 물에 타서 마시거나 끓는 물에 오래 달여서 마셔도 좋다.

당귀 검은콩 두유

\+

당귀는 비타민 B_{12}와 엽산을 함유하고 있어 생리불순이나 생리통, 빈혈 등에 효과가 있다. 어혈이 있어 팔다리가 늘 저린 사람에게도 좋다. 당귀는 주로 말린 것을 달여 먹지만 가루 내거나 생것을 갈아서 먹는 것이 약효가 더 좋다.

당귀 50g, 검은콩 ⅓컵, 물 ½컵, 꿀 적당량

1. 당귀는 도라지처럼 칼로 껍질을 긁어 손질한 후 물에 깨끗이 씻어 잘게 썬다.
2. 검은콩은 깨끗이 씻어 물에 하룻밤 정도 충분히 불린다.
3. 당귀와 불린 검은콩을 믹서에 넣고 물을 부어 곱게 간다. 기호에 따라 꿀을 타서 마신다.

냉증

혈액순환을 좋게 하고 몸을 따뜻하게

미나리 포도 주스

+

독특한 향이 식욕을 돋워주는 미나리는 혈액순환을 좋게 하고 여러 종류의 부인병에 도움이 된다. 미나리의 독특한 향에 들어 있는 방향성 정유 성분이 보온 · 발한작용을 하므로 손발이 찬 수족냉증을 치료하는 데 효과적이다.

59 kcal
비타민 C 8.24mg
칼슘 33.2mg

미나리 50g, 물 2큰술, 화이트와인 ½잔(100ml), 꿀 적당량

1 미나리는 손질 후 물에 여러 번 씻어 잘게 송송 썬다.
2 믹서에 물과 함께 곱게 간다.
3 화이트와인을 잔에 따른 후 미나리 즙을 섞고 입맛에 따라 꿀을 타서 마신다. 따뜻하게 데워 마셔도 좋다.

쑥 브랜디 핫 드링크

쑥은 특히 여성에게 좋은 것으로 유명한데, 쑥에는 혈액순환을 좋게 하고 몸을 따뜻하게 하는 효능이 있기 때문이다. 냉대하나 생리불순, 생리통에 치료제로 쓰이며, 수족냉증에도 이용하면 좋다.

53 kcal
비타민 C 7.24mg
칼슘 36.2mg

어린 쑥 30g, 물 ½컵, 브랜디 2작은술, 꿀 1큰술

1 연하고 어린 쑥을 구해서 깨끗이 다듬어 씻은 후 잘게 썬다.
2 쑥을 믹서에 물과 함께 넣어 곱게 간다.
3 여기에 브랜디 2작은술과 꿀 1큰술을 넣어 고루 저은 후 따뜻하게 데워 마신다.

생강 계피 주스

냉증과 함께 생리불순이 있을 때, 생강은 식품으로 뿐 아니라 약용으로도 뛰어나다. 몸을 따뜻하게 해주는 성분이 들어 있어 냉증을 동반한 생리불순에 특효가 있다. 생강을 달이거나 생강가루를 뜨거운 물에 타서 자주 마시면 몸이 따뜻해진다.

\+

45 kcal
비타민 C 1.94mg
칼슘 61mg

생강 2쪽, 물 ⅔컵, 꿀 1½큰술, 계핏가루 1작은술

1 생강은 껍질을 벗기고 구석구석 흙도 씻어낸 후 물에 깨끗이 헹군다.
2 손질한 생강은 믹서에 곱게 간다.
3 뜨거운 물에 생강 간 것과 계핏가루를 넣고 꿀을 타서 마신다.

수족냉증을 물리치는 방법

건강한 생활 습관이 필수다

수족냉증에서 벗어나려면 영양 균형을 맞춘 식사를 하면서 생활습관을 건강하게 유지하는 것이 중요하다.

운동으로 체력을 기른다

가장 좋은 방법은 운동으로 체력을 보강하는 것이다. 운동은 땀이 날 정도로 하되, 규칙적으로 한다. 가벼운 스트레칭도 도움이 된다. 팔다리를 쭉 늘이거나 손발을 펴고 오므리기를 반복적으로 해주면 말 신경을 자극하여 몸의 긴장도 풀어주고 근육도 이완시켜 혈액순환이 원활해진다.

옷을 따뜻하게 입는다

배꼽티나 미니스커트는 피하고 차가운 맨 바닥에는 앉지 않는다. 너무 몸에 딱 맞는 옷은 혈액순환을 방해하므로 입지 않는 것이 좋다.

반신욕으로 몸 안의 냉기를 없앤다

몸 안의 냉기를 없애려면 반신욕을 해보자. 반신욕은 혈액순환을 원활하게 해주고 하복부를 따뜻하게 해주며, 혈압을 내려주는 효과가 있다. 체온보다 약간 더 높은 37~38℃ 정도의 물에 명치 아랫부분까지만 몸을 담그고, 두 팔은 물 바깥에 내놓은 채로 20~30분 정도 반신욕을 한다. 이때 박하 잎이나 말린 쑥, 귤껍질 등 몸을 따뜻하게 해주는 약재를 입욕제로 사용하면 효과가 더욱 높아진다.

족욕으로 혈액순환을 개선한다

반신욕이 번거롭거나 할 수 없는 환자의 경우에는 족욕만 해도 비슷한 냉증 개선 효과를 볼 수 있다.

골다공증

칼슘 섭취에 신경 쓰고 규칙적으로 운동한다

자두 주스

칼슘, 칼륨, 철분 등 미네랄과 각종 유기산의 함량이 높다. 칼슘 등의 미네랄은 뼈를 튼튼하게 해서 골다공증에 효과를 내며, 유기산은 칼슘이 효율적으로 흡수될 수 있게 도와준다. 피를 맑게 해 혈액순환을 좋게 하며 변비 치료에도 효과가 뛰어나다.

87 kcal
칼슘 108.2mg

자두 4개, 우유 ½컵, 꿀 적당량

1 잘 익은 자두를 준비해 물에 깨끗이 씻는다.
2 자두는 칼로 돌리면서 살을 도려내고 씨를 제거한 뒤 믹서에 곱게 간다.
3 ②에 우유 ½컵을 붓고 섞듯이 믹서에 한 번 더 돌린다. 신맛이 강하면 꿀을 조금 첨가한다.

뼈를 튼튼히 하는 영양관리법

칼슘이 풍부한 식품을 많이 먹는다

우유, 유제품, 뼈째 먹는 생선, 참깨, 두부, 해조류 등을 자주 섭취해 충분한 양의 칼슘을 뼈에 비축해야 한다. 우유 1컵이나 유제품 1통은 300mg의 칼슘에 해당된다. 동물성 단백질, 소금, 알코올의 섭취는 뼈에서 칼슘의 소실을 촉진시키기 때문에 줄이는 것이 좋다.

비타민 D의 섭취도 중요하다

칼슘과 인의 재흡수를 돕는 비타민 D의 섭취도 중요하다. 비타민 D는 꽁치, 고등어, 다랑어, 연어, 정어리 등의 등푸른 생선이나 달걀노른자, 쇠간, 우유, 버섯 등에 많이 들어 있다. 또 비타민 D는 자외선에 노출된 피부로부터 형성될 수도 있다.

가공식품이나 인스턴트 음식은 먹지 않는다

이런 식품에는 인산염 등이 함유된 인공첨가물이 들어 있기 때문에 많이 먹으면 인의 섭취량이 높아진다. 그렇게 되면 항상성을 맞추기 위해 인체는 부족한 칼슘을 뼈에서 녹여 쓰게 된다.

시금치 키위 주스

+

시금치는 비타민과 철분, 칼슘이 풍부해서 성장기 어린이나 뼈가 약해지기 쉬운 중년 여성, 노인들에게 좋은 야채다. 필수 아미노산이 풍부한 두유와 함께 주스를 만들면 맛도 좋아지고 영양의 균형을 이룰 수 있다.

시금치 100g, 키위 1개, 두유 ½컵, 레몬즙 1작은술

1 시금치는 잎과 줄기를 깨끗하게 씻은 다음 손으로 뜯고, 키위는 껍질을 벗겨 작은 크기로 썬다.
2 시금치와 키위를 믹서에 곱게 간다.
3 ②에 레몬즙 1작은술을 뿌린 뒤 두유를 붓고 다시 한 번 믹서에 갈아 마신다.

양상추 우유 주스

+

양상추에는 뼈의 형성에 관여하는 카로틴과 콜라겐 합성을 도와주는 비타민 C, 골격과 치아 형성에 중요한 기능을 하는 칼슘이 풍부하다. 우유도 칼슘 함량이 높은 대표 식품이므로 양상추를 우유와 함께 먹으면 골다공증 예방에 더욱 효과적이다.

양상추 200g, 우유 ½컵, 꿀 1큰술, 레몬즙 1작은술

1 양상추는 한 잎씩 떼어 물에 깨끗이 씻은 후 적당히 찢는다.
2 양상추와 우유를 함께 믹서에 넣고 간다.
3 꿀을 섞고 레몬즙을 뿌린다.

갱년기 장애

칼슘과 비타민 E가 증상을 예방한다

석류 주스

석류에는 '여성을 만드는 호르몬'이라 불리는 식물성 에스트로겐인 이소플라본이 풍부하게 함유되어 있어 여성들에게 좋은 효과를 보인다. 특히 씨에는 석류의 과육이나 과즙에 비해 이소플라본이 2배 이상 함유되어 더욱 효과적이다. 석류를 그냥 먹어도 되지만 씨가 많아 먹기가 힘들므로 즙을 짜서 주스로 만들어 마시거나 차로 우려내서 마시면 좋다.

231 kcal

비타민 E 1.65mg
칼슘 24.2mg

석류 1개, 물 ½컵, 꿀 ½큰술

1. 석류는 반 갈라 껍질을 벗긴 후 분마기에 씨가 으깨어지지 않도록 가볍게 간다.
2. 거즈나 체에 걸러 즙만 받는다.
3. 물에 고루 섞은 후 꿀을 타서 마신다.

석류 요구르트 주스

\+

석류 씨와 석류 씨를 감싸고 있는 막에 식물성 에스트로겐이 많이 함유되어 있으므로 석류 씨와 막을 함께 먹는 것이 좋다. 그냥 먹기 힘들다면 요구르트와 함께 갈아서 마시는 것도 좋다.

150 kcal

비타민 E 0.88mg
칼슘 44.2mg

석류 ¼개, 당근 ½개, 요구르트 ½컵

1. 석류와 당근을 믹서에 함께 넣고 곱게 간다.
2. 요구르트를 첨가해 한 번 더 돌려 잘 섞이게 한다. 이렇게 갈아 마시면 씨의 쓴맛과 떨떠름한 맛이 거의 없다. 당근 대신 좋아하는 과일을 섞어도 좋다.

연근 검은콩 두유

검은콩에는 이소플라본이 풍부해 폐경기 여성의 얼굴 화끈거림, 심장병, 골다공증 등을 예방하는 효과가 있다. 여기에 자율신경의 불안정 등에 효과가 있는 연근과 함께 주스를 만들면 갱년기의 여러 증상에 도움이 된다.

+

189 kcal
비타민 E 0.65mg
칼슘 64.9mg

연근 100g, 검은콩 ⅓컵, 물 ⅔컵

1. 검은콩은 잡티를 골라내고 깨끗이 씻은 후 물에 하룻밤 정도 담가 충분히 불린다.
2. 불린 콩에 물을 붓고 약간 살캉거릴 정도로 삶는다.
3. 연근은 껍질을 벗겨 물에 씻은 후 적당한 크기로 잘라 믹서에 검은콩과 함께 물을 붓고 곱게 간다. 소금을 조금 넣어 마셔도 맛있다.

갱년기를 슬기롭게 보내려면

몸과 마음에 일어나는 변화를 올바르게 이해한다

갱년기에는 난소 기능의 저하나 정신적 스트레스 등으로 인해 몸과 마음에 많은 변화가 일어난다는 것을 올바르게 이해하는 것이 가장 중요하다.

생활습관을 재검토한다

식사, 운동, 휴식, 수면 등의 생활습관을 재검토하고 개선하도록 한다. 생활습관이 건강하면 갱년기 장애의 여러 증상을 예방할 수 있다.

치료보다는 예방에 주의한다

갱년기는 성인병이 많이 발생하는 시기다. 병이 진행된 뒤에 치료를 받는 것보다 예방을 하는 것이 중요하다. 그러기 위해서는 정기적으로 건강진단을 받고 자신의 신체 상태를 잘 파악해놓는 것이 좋다.

가족의 이해를 얻는다

가족의 이해는 큰 힘이 된다. 여성들에게 갱년기가 어떤 것인지 가족들도 이해하는 것이 중요하다.

알아두세요

젊음을 주는 비타민 음료

과일주스

내 몸을 깨어나게 해주는 비타민 생 음료 과일주스. 잘 익은 과일을 그대로 먹어도 맛있지만 주스로 만들면 흡수가 잘 되고 간편하게 쭉 마시기 좋다. 새콤달콤한 과일주스 한 잔으로 피부를 아름답게 가꾸고 하루를 상쾌하게 열어보자.

과일주스, 이래서 좋다

피로가 풀리고 몸에 활력이 생긴다

새콤한 맛을 내는 과일에는 구연산과 주석산, 사과산, 호박산 등 각종 유기산이 풍부하게 들어 있다. 과일의 유기산은 체내의 피로물질인 젖산을 몸 밖으로 배출시켜 피로를 풀어주고 칼슘이 뼈에 흡수되는 것을 돕는 역할을 한다. 따라서 과일을 충분히 섭취하면 피로가 해소될 뿐 아니라 세포의 움직임이 활발해져 온몸에 생기가 돌고 활력이 생긴다.

스트레스를 풀어주고 신경을 안정시킨다

과일에 포함된 비타민 C는 다른 영양소에 비해 특히 스트레스에 강하다. 비타민 C는 스트레스를 받았을 때 분비되는 호르몬에 대한 저항력을 길러주고 신경을 이완시켜 마음을 차분하게 가라앉혀준다. 과일에는 또 칼슘, 칼륨, 철분 등의 미네랄도 풍부한데, 그중 칼슘은 신경을 안정시켜 숙면을 도와주고 철분은 권태감과 무력감을 해소시키므로 수험생이나 스트레스를 많이 받는 직장인들이라면 과일주스를 충분히 마시는 것이 좋다.

맑고 투명한 피부로 가꾸어준다

멜라닌은 자외선으로부터 피부를 보호하기도 하지만 그 양이 너무 많을 경우 피부에 침착하여 기미나 주근깨를 생성한다. 이를 예방하기 위해서는 멜라닌 생성을 억제해야 하는데, 각종 과일에 함유된 비타민 C가 바로 이런 기능을 한다. 비타민 C는 멜라닌의 과잉 생산을 억제하고 필요한 양만큼만 사용한 뒤, 남은 멜라닌을 무색으로 만들어 피부 침착을 막아준다. 즉 이미 생성된 멜라닌을 제거하는 것보다 필요량만을 생성,

사용해 기미 · 주근깨의 근본 원인을 제거하고 피부를 맑고 투명하게 가꾸어준다. 비타민 C 외에 과일에 풍부한 비타민 A도 피부의 외부층인 상피조직과 각 기관의 세포 기능을 활성화시켜 피부미용에 좋은 역할을 한다.

변비를 예방하고 장을 튼튼하게 한다

과일에는 섬유질의 일종인 펙틴이 풍부한데, 이 펙틴 성분이 장 기능을 활발하게 도와주므로 배뇨가 원활하게 된다. 변비가 있으면 피부의 신진대사가 좋지 않아 얼굴에 여드름이 생기고 복부 팽만감으로 늘 찌뿌드드한 상태가 된다. 이런 사람은 아침마다 매일 과일주스 한 잔을 마시면 위장 기능이 활발해져 변통이 좋아지는 효과를 볼 수 있다.

고혈압 · 동맥경화 등 성인병을 예방한다

과일에는 성인병 예방에 필수적인 요소들이 다량 함유돼 있다. 그중 칼륨은 체내 불필요한 염분을 몸 밖으로 배출시키고, 수용성 섬유질은 혈중 콜레스테롤을 정상화시키며 혈압을 안정되게 유지시켜 고혈압을 예방해준다. 특히 귤이나 레몬에 들어 있는 비타민 P 성분은 모세혈관을 강화시켜 혈관손상 · 파열을 막아주므로 고혈압뿐 아니라 동맥경화에도 효과적이다. 비타민 E 또한 혈액의 흐름을 좋게 해 혈전을 방지하고 콜레스테롤 수치를 낮추는 것으로 알려져 있다. 이 밖에 철분이나 칼슘, 마그네슘과 같은 미네랄도 혈액순환을 원활하게 하는 작용을 한다.

감기 등 각종 질병을 막아준다

과일은 암뿐만 아니라 각종 질병에 대한 면역력도 증가시킨다. 과일에 풍부한 비타민 A와 C가 피부와 점막을 튼튼하게 하고 피로를 풀어주므로 겨울철 감기 예방은 물론 각종 질병을 예방하는 효과가 있다. 몸이 피곤하고 감기 기운이 있을 때 과일주스를 마시면 피로가 풀리면서 감기 기운이 사라진다.

숙취를 해소하고 간을 보호한다

알코올을 섭취했을 때 우리 몸에는 숙취를 유발하는 아세트알데히드와 비슷한 케톤체라는 물질이 증가한다. 즉 케톤체 생성을 억제해야 숙취를 예방할 수 있는데, 과일 속의 비타민 C가 바로 케톤체를 줄이는 역할을 한다. 이 밖에 비타민 B_2는 지방 대사를 촉진시켜 간에 지방이 쌓이는 것을 막아주고, 타닌산은 몸 안에 흡수된 알코올 성분을 산화시켜 숙취 해소를 돕는다. 술을 자주, 많이 마시는 사람이 단번에 술을 끊기 힘들다면 평소 다양한 과일을 많이 먹는 것이 좋다.

면역력을 강화시켜 암을 예방한다

비타민 A · C · E는 발암물질 생성을 억제해 암을 예방하는 요소로 잘 알려져 있다. 비타민 A는 피부나 점막을 보호하며 암을 생성하는 유해산소를 중화시킴으로써 암을 조기에 막아주고, 비타민 C는 바이러스에 대한 면역력을 향상시켜준다. 특히 비타민 C는 불에 탄 고기나 생선을 많이 먹었을 때 위에서 발생하는 발암물질을 억제하고, 위암의 또 다른 위험요소인 헬리코박터균의 활성을 줄여준다. 강력한 항산화 작용이 있는 비타민 E 또한 암 예방에 탁월하다. 이 같은 비타민의 항암작용은 각각의 성분이 합쳐질 때 더 큰 효과가 발휘되므로 여러 종류의 과일을 골고루 먹어 다양한 영양소를 한 번에 섭취하는 게 가장 바람직하다.

류머티즘을 완화시킨다

자가 면역력에 이상이 생기면 류머티즘과 같은 질병이 발생한다. 자가 면역질환은 면역력이 초과해 오히려 자신의 몸 안에서 질병의 원인 물질을 만들어내는 것인데, 류머티즘이 이런 과정에 의해 발생한다. 이럴 때 비타민 C를 많이 섭취하면 자가 면역력이 조정돼 증상이 완화된다. 비타민 E 또한 관절 주위의 모세혈관을 넓혀주고 관절 상태를 개선시키므로 비타민 C와 함께 류머티즘 예방에 효과적인 요소이다.

몸에 좋은 과일, 영양과 효능

레몬 신맛을 내는 구연산이 운동 후 피로를 풀어 주고 칼슘이 뼈에 흡수되는 것을 도와준다. 비타민 C는 감기 예방, 피부미용에 커다란 효과를 발휘하며, 비타민 C의 보조 역할을 하는 비타민 P는 모세혈관을 튼튼히 해 고혈압, 동맥경화를 예방한다. 비타민 C 외에 구연산도 풍부하므로 충분히 섭취하면 세포의 움직임이 활발해져 온몸에 생기가 돌게 된다.

매실 신맛을 내는 구연산이 강한 해독작용과 살균작용을 하므로 여름철에 매실을 먹으면 식중독을 예방할 수 있다. 무엇보다 강한 신맛을 내는 매실은 피로 해소와 식욕 촉진 기능이 뛰어나며, 또한 피크린산이 간 기능을 활성화시켜 숙취나 멀미에도 효과가 있다. 과음 후 매실 주스 한 잔을 마시면 숙취를 해소할 수 있다.

파인애플 비타민 C의 함유량이 매우 높아 피로 해소에 좋을 뿐 아니라 신맛을 내는 구연산의 작용으로 식욕을 돋워주는 효과가 있다. 섬유질 또한 풍부해 변비에 좋으며, 브로멜린이라는 단백질 분해 효소가 장내 부패물을 분해해주므로 고기를 먹은 후 파인애플을 먹으면 소화가 잘 된다.

살구 신맛을 내는 사과산, 구연산 등의 유기산과 단맛을 내는 포도당, 과당 등의 당질이 풍부하다. 생과일뿐 아니라 말린 것이나 씨 등도 한방 약재로 요긴하게 쓰인다. 가래를 없애주고 천식을 가라앉히는 것으로 유명한데, 특히 살구씨는 '행인'이라고 해서 한방에서 진해 · 거담제로 많이 쓰인다.

키위 풍부한 비타민 C가 감기 예방이나 피로 해소 효과를 높인다. 섬유질의 일종인 펙틴과 칼륨도 고루 들어 있는데, 정장작용이 뛰어난 펙틴 성분은 변비를 개선시키고, 단백질 분해 효소인 액티니진이 육류의 소화를 돕는다. 키위의 칼륨 성분은 체내의 불필요한 염분을 배출시켜 소금으로 인한 각종 성인병을 예방해준다.

배 풍부한 수분이 갈증을 가라앉히고 가래를 멎게 하며, 소변을 잘 나오게 한다. 기침이나 가래가 오래 갈 때 배를 갈아 마시거나 배에 꿀을 넣고 쪄서 먹으면 효과를 볼 수 있고 해열, 숙취 해소에도 좋다.

포도 구연산 · 주석산 등 각종 유기산과 비타민 B_1 · B_2 · C, 섬유질의 일종인 펙틴, 칼슘, 칼륨, 철분 등이 풍부하게 함유돼 있다. 포도의 당질인 포도당과 과당은 체내에서 쉽게 흡수되기 때문에 피로 해소에 더없이 좋고 환자의 회복을 빠르게 하는 효과가 있다. 각종 유기산이 몸속의 독소를 제거하고 혈전을 녹여 고혈압, 심장병, 동맥경화 등 성인병 예방에 좋다.

딸기 과일 중 비타민 C가 가장 많아 딸기 4개만 먹으면 하루의 필요량을 충족시킬 수 있다. 딸기에 가장 많이 들어 있는 비타민 C는 피부에 멜라닌 색소가 침착하는 것을 막아주므로 기미, 주근깨 예방에 좋다. 특히 담배를 많이 피우는 사람은 딸기를 많이 먹는 것이 좋다. 설탕은 딸기의 영양 효율을 낮추므로 딸기 주스를 만들 때는 우유나 요구르트 등을 섞는 것이 좋다.

멜론 당질 함량이 높은 반면 유기산은 적은 편이다. 오이과에 속해 칼륨 함량이 높은데, 풍부한 칼륨이 불필요한 염분을 배출시켜 혈압을 낮춰주고 혈전을 녹여준다. 숙취 해소 효과도 좋아 술 마신 다음날 멜론 주스를 마시면 간의 회복이 빠르다. 멜론에는 비타민 A가 카로틴의 형태로 들어 있는데, 이 베타카로틴 성분이 폐암의 발생률을 낮춘다.

귤 비타민 C가 신진대사를 원활하게 하고 피부와 점막을 튼튼하게 해 감기 예방에 효과를 발휘한다. 또한 기미나 주근깨의 원인인 멜라닌 색소의 생성을 억제시키고 피부를 탄력 있고 매끄럽게 가꿔준다. 귤에는 히스페리딘이라는 비타민 P 성분이 들어 있는데, 이 성분이 모세혈관을 튼튼하게 해 고혈압과 동맥경화를 예방해준다.

사과 사과의 펙틴 성분이 장내 유익균의 번식을 도와 장을 튼튼하게 해주므로 설사나 변비가 개선된다. 또한 사과에 풍부한 칼륨 성분이 콜레스테롤 수치를 떨어뜨려 동맥경화를 예방해주고, 소변과 함께 불필요한 염분을 배출시켜 고혈압과 같은 성인병 예방에도 도움이 된다. 새콤한 맛을 내는 구연산이 신진대사를 원활하게 해 피로 및 숙취 해소에도 좋다.

바나나 바나나는 과일치고는 칼로리나 단백질 함량이 높은 편이다. 비타민 A의 일종인 카로틴과 섬유질의 일종인 펙틴도 풍부한데, 이 펙틴 성분이 장 기능을 활발하게 하고 변비에 좋은 효과를 낸다. 변비가 심해서 대변이 단단하거나 출혈이 있다면 매일 아침 식전에 바나나 1~2개씩 먹는 것이 좋다.

산딸기 〈동의보감〉에서 '복분자를 먹으면 소변 줄기가 강해져 요강을 뒤엎을 정도'라고 나올 만큼 신장을 강화시키고 정액을 보충시키는 작용이 탁월하다. 피곤하고 스트레스를 받아 정력이 약화된 중년 남성에게 특히 좋다. 남성에게는 발기부전이나 조루, 몽정 등의 치료제로 사용되고, 여성에게는 자궁의 발육을 도와 자궁의 크기가 작거나 기능이 약해 임신에 방해가 될 때 사용된다.

복숭아 복숭아의 비타민 A와 C가 피부를 곱게 가꾸어주고, 섬유질은 배변을 촉진해 변비를 개선시킨다. 복숭아로 주스를 만들어 먹으면 얼굴색이 좋아지고 장기간 복용하면 기침 치료에 좋은 효과를 나타낸다. 한방에서는 피를 깨끗하게 한다고 하여 여성의 생리불순을 치료하는 약재로 이용하기도 한다.

오렌지 비타민 C와 섬유질이 풍부해 피부를 아름답게 가꾸어주고 변비를 개선시키는 효과가 있다. 특히 오렌지에 풍부한 비타민 C는 멜라닌 생성을 억제해 피부를 희고 부드럽게 가꾸어준다. 피부미용뿐만 아니라 피로 해소, 감기 예방 효과도 탁월하다. 오렌지 특유의 상큼한 맛과 향이 식욕을 촉진시켜주므로 입이 깔깔할 때 가볍게 한 잔씩 마시면 입맛을 살릴 수 있다.

수박 주성분은 수분이지만 비타민 A · B_1 · B_2 · C를 비롯해 칼슘, 칼륨, 글루타민산 등이 풍부해 효능이 많다. 특히 이뇨작용이 탁월한데, 시트룰린이라는 특수 아미노산이 체내에서 단백질 요소로 변해 소변 배출을 돕는다. 따라서 신장병으로 인한 부종에 좋다. 그 밖에 비타민 C는 기미를 방지해주고 자외선에 노출된 피부에 수분을 공급해 촉촉한 피부를 만든다.

아보카도 과일 중에서는 특이하게 지방과 단백질 함유량이 높다. 트립토판, 리신 등 양질의 단백질과 불포화지방산, 비타민 E 등 각종 영양소가 듬뿍 들어 있어 성장기 어린이에게 특히 좋다. 아보카도의 지방은 80%가 불포화지방산으로 콜레스테롤을 낮춰주는 작용이 있다. 비타민 E의 작용으로 세포를 젊게 유지시켜주고 피부 노화를 막아주며 치매를 예방하는 효과도 있다.

감 비타민 C가 다량 함유돼 있어 환절기 감기 예방에 특히 좋으며, 가슴이 답답하거나 담이 많을 때, 만성기관지염에도 효과가 있다. 감에는 또한 카로틴이 많이 들어 있어 질병에 대한 면역력과 저항력을 높여주고 피부를 탄력 있게 가꿔준다. 감 특유의 떫은맛을 내는 타닌산이 설사를 멎게 하고 몸 안에 흡수된 알코올 성분을 빨리 산화시키므로 숙취 해소에도 좋다.

자두 자두에는 신진대사를 돕는 각종 유기산과 비타민, 미네랄이 많이 들어 있어 몸에 활력을 준다. 술 마신 후나 어깨가 결릴 때도 자두 주스가 효과를 발휘한다. 미네랄 중에서 특히 철분 함량이 높아 빈혈이 있는 사람에게 좋으며, 피를 맑게 해 혈액순환을 좋게 하기도 한다. 아미노산의 일종인 시트룰린 성분이 이뇨작용을 원활히 해주고 변비나 기침을 개선시키는 효과도 있다.

망고 비타민 A와 C, 유기산이 풍부하며 당질 함량이 높다. 망고에 풍부한 비타민 A가 피부의 외부층인 상피조직과 각 기관의 세포 기능을 활성화시켜 피부미용에 그만이다. 비타민 C의 작용으로 피부를 잡티 없이 깨끗하게 가꿀 수 있다. 특히 망고 씨 오일은 피부에 촉촉함을 주고 과육은 피부를 희고 매끄럽게 가꿔준다.

파파야 파파야는 카로틴이 풍부하게 함유돼 있고, 비타민 C가 100g 중 65g으로 다른 과일보다 훨씬 많이 들어 있어 기미 · 주근깨 예방 효과가 있다. 파파야가 함유하고 있는 파파인(Papain)이란 효소는 소화 기능을 돕고 위궤양 치료에 효과를 발휘하는 것으로 알려져 있다. 최근에는 파파야가 전립선 치료에 효과가 있다는 연구 결과가 잇따라 주목받고 있다.

part 3

for Husband

사랑하는 남편을 위한

활력충전 주스

인삼 주스

인삼은 피로 해소를 돕고 체력을 증진시키는 효과가 뛰어난 약재다. 과로로 기운이 없거나 기력이 떨어졌다면 인삼을 우유나 두유와 함께 갈아서 꾸준히 마시는 것이 좋다. 쌉쌀한 맛이 입맛을 돋우기도 한다.

186 kcal

비타민 B_1 0.11mg
비타민 C 2.94mg

중간 크기 인삼 1뿌리, 우유 1컵, 꿀 1큰술

1. 인삼은 잔뿌리 사이사이의 흙을 솔로 깨끗이 씻어 물에 헹군다.
2. 인삼을 적당한 크기로 잘라 믹서에 넣고 우유 1컵을 부어 곱게 간다.
3. 꿀 1큰술을 섞어 마신다.

아스파라거스 주스

58 kcal
비타민 B_1 0.56mg
비타민 C 54.5mg

아미노산의 일종인 아스파라긴산이 다량 들어 있다. 아스파라긴산은 피로 해소와 자양강장에 좋고 신진대사를 활발하게 하며 숙취 해소에도 좋다. 아스파라거스에 비타민 A와 C가 풍부한 당근과 오이, 레몬을 함께 배합하면 피로 해소 효과가 더욱 높아진다.

아스파라거스 100g, 당근 · 오이 ⅓개씩, 물 ⅓컵, 레몬 ½개

1 아스파라거스는 물에 깨끗이 씻고, 당근은 껍질을 벗긴다. 오이는 소금으로 문질러 깨끗이 헹군다.
2 손질한 아스파라거스와 오이, 당근을 적당한 크기로 잘라 믹서에 함께 넣고 간다.
3 기호에 따라 레몬즙을 첨가한다.

레몬 사과 주스

+

피로를 풀고 마음을 차분하게 가라앉히는 데 사과만큼 좋은 것이 없다. 사과에는 비타민 A뿐 아니라 유기산이 풍부해 피로 해소 효과가 크다. 여기에 비타민 C가 풍부한 레몬이 더해져 피로 해소 효과가 더욱 좋아진다.

163 kcal
비타민 B_1 0.05mg
비타민 C 50mg

레몬 ½개, 사과 1개, 물 ½컵, 설탕 1큰술

1 레몬은 반 갈라 즙을 짠다.
2 사과는 껍질을 벗기고 씨를 제거한 뒤 적당한 크기로 잘라 믹서에 넣고 물 ½컵을 부어 곱게 간다.
3 사과 간 것에 레몬즙을 섞고 설탕 1큰술을 넣어 잘 섞는다.

매실 사과 주스

+

매실과 사과에 풍부한 비타민 C와 구연산, 사과산 등의 유기산이 신진대사를 촉진시키며, 피로를 풀어준다. 여름철 무더위로 지치거나 심한 갈증이 날 때 차게 해서 음료로 마시면 좋다.

147 kcal
비타민 B_1 0.04mg
비타민 C 9.1mg

매실청 2큰술, 사과 1개, 물 ½컵, 우유 ¼컵, 얼음 조금

1 사과는 씻어서 껍질과 씨를 제거한 뒤 적당하게 잘라 물 ½컵을 붓고 믹서에 간다.
2 믹서에 간 사과 주스를 우유, 매실청과 섞는다.
3 얼음을 약간 띄워 시원하게 마신다.

포도 주스

207 kcal

비타민 B_1 0.09mg
비타민 C 2.7mg

포도에는 각종 유기산과 비타민 $B_1 \cdot B_2 \cdot C$, 칼슘, 칼륨, 철분 등의 미네랄이 풍부하다. 포도의 당질인 포도당과 과당은 체내에서 쉽게 흡수되어 에너지로 변하기 때문에 피로 해소에 더없이 좋다.

포도 300g

1 잘 익은 포도를 한 알씩 떼어 물에 깨끗이 씻은 후 식촛물이나 숯가루를 탄 물에 10분 정도 담가 농약 성분을 제거한다.

2 깨끗이 씻은 포도는 씨와 껍질째 믹서에 넣고 곱게 갈아 거즈에 거른다.

스태미나 강화

단백질과 비타민, 미네랄을 섭취한다

마늘 요구르트 주스

+

매일 마늘 한두 쪽을 날로 먹거나 즙을 내 먹으면 스태미나가 좋아진다. 특히 성호르몬의 분비기관을 자극해 호르몬 분비를 활발하게 하고 성 기능을 회복시켜주므로 정력 증강에 좋다. 피로 해소 비타민인 비타민 B_1을 활성화시켜서 더욱 효과가 크다.

마늘 3쪽, 꿀 1큰술, 물 ½컵, 요구르트 ½컵

1 마늘은 껍질을 벗겨 깨끗이 씻은 다음 물기를 닦고 으깬다.
2 물에 꿀을 넣고 섞은 다음 으깬 마늘을 넣어 약한 불에서 조린다.
3 다 조려진 마늘은 식혀서 요구르트와 섞어 마신다.

산마 인삼 주스

+

마는 미네랄이 풍부해서 신진대사를 원활하게 하므로 강장 · 강정 효과가 뛰어나다. 강장제로 알려진 인삼은 육체적 · 정신적인 스트레스 해소뿐 아니라 쇠약해진 몸을 회복시키는 데 뛰어난 효과가 있는 것으로 알려져 있다.

206 kcal
비타민 C 6.45mg
아연 6.09mg

산마 100g, 중간 크기 인삼 ½뿌리, 우유 ½컵, 꿀 1큰술

1 인삼은 잔뿌리 사이사이의 흙을 솔로 깨끗이 씻어 물에 헹군 후 적당한 크기로 자른다.
2 마는 껍질을 벗기고 물에 깨끗이 씻은 후 적당한 크기로 자른다.
3 산마와 인삼을 믹서에 넣고 우유 ½컵을 부어 곱게 간다. 꿀 1큰술을 섞어 마신다.

산딸기 주스

한방에서 '복분자'로 불리는 산딸기는 강력한 강장제로 잘 알려져 있다. '복분자'라는 말은 '소변 줄기가 강해져 요강을 뒤엎을 정도'라는 데서 유래되었다. 피곤하고 스트레스를 받아 정력이 약화된 중년 남성에게 특히 도움이 된다.

산딸기 150g(또는 말린 복분자 10g), 요구르트 ½컵, 꿀 적당량

1 산딸기를 물에 한 번 씻은 후 물기를 뺀다.
2 믹서에 요구르트와 함께 넣고 곱게 간다.
3 기호에 따라 꿀을 넣어 마신다.

Tip 야생 산딸기 대신 말린 복분자 열매를 3컵의 물로 충분히 끓인 후 꿀을 타서 마셔도 좋다.

산수유 주스

산수유는 성질이 따뜻해 자양강장 효과가 뛰어나며, 신장이 약해 허리와 무릎이 시리거나 힘이 없으면서 아픈 증상에 잘 듣는다. 특히 남성의 전립선을 강화시키고 성 기능을 회복시키는 효과가 뛰어나다.

산수유 200g, 물 ½컵, 꿀 적당량

1 산수유 열매를 물에 깨끗이 씻는다.
2 분마기에 갈아서 씨를 발라내고 즙은 거즈에 거른다.
3 물 ½컵과 섞은 후 꿀을 타서 마신다.

Tip 산수유 철이 아닐 경우 한약재상에서 파는 말린 산수유 1큰술을 끓는 물에 우려 찻잔에 따라 마셔도 된다.

고단백 · 저지방 식사와 야채 · 과일로 영양 균형을

신선초 셀러리 주스

간질환에 좋은 녹즙으로 가장 대표적인 것이 신선초다. 신선초에는 손상된 간세포의 회복에 좋은 비타민 A와 C, 미네랄이 풍부하다. 쓴맛이 강하므로 단맛 나는 과일 음료와 함께 즙을 만들면 좋다.

+

84 kcal

비타민 A 126RE
비타민 C 37.24mg

신선초 30g, 셀러리 100g, 사과 주스 ½컵, 꿀 1큰술

1 신선초는 흐르는 물에 흔들어 씻어 물기를 뺀 후 잘게 자른다.
2 셀러리는 깨끗이 씻어 물기를 뺀 후 신선초와 함께 사과 주스 ½컵을 붓고 믹서에 간다.
3 쓴맛 때문에 먹기가 힘들면 꿀 1큰술을 섞어 마신다. 사과나 레몬은 신진대사에 좋은 유기산이 풍부해 간의 회복을 빠르게 해준다.

돌나물 당근 주스

돌나물에는 칼슘과 비타민 C가 많아 세포에 활기를 불어넣는 효과가 있다. 또 간염이나 황달, 간경변증 같은 간질환에 효과가 좋은 것으로 알려져 있는데 〈동의보감〉에는 돌나물이 전염성 간염에 효과가 좋다고 기록돼 있다.

+

83 kcal

비타민 A 1317RE
비타민 C 61.2mg

돌나물 50g, 당근 100g, 물 ½컵, 레몬 ½개, 꿀 적당량

1 돌나물은 흐르는 물에 흔들어 씻은 후 잘게 자른다.
2 당근은 깨끗이 손질해 잘게 썬 후 믹서에 돌나물과 함께 곱게 간다.
3 레몬을 반 갈라 즙을 낸 후 돌나물 · 당근 간 것과 함께 섞는다. 기호에 따라 꿀을 섞어 마신다.

시금치 감 주스

시금치, 셀러리 등의 녹황색 채소에는 손상된 간세포의 회복에 좋은 비타민 A와 C가 풍부하다. 감에는 또 숙취의 묘약이라 불리는 아미노산인 시스틴이 함유되어 있어 간의 해독작용을 왕성하게 하는 데 도움을 준다.

시금치 50g, 감 ½개, 우유 ½컵, 꿀 1큰술

1 시금치는 깨끗이 다듬어 물에 씻은 후 물기를 빼고 잘게 자른다.
2 감은 껍질을 벗기고 씨를 뺀다.
3 시금치와 감을 믹서에 곱게 간 후 우유와 꿀을 넣고 한 번 더 돌린다.

간을 보호하는 생활수칙

① 적정한 체중을 유지해 지방간이 되지 않도록 한다.
② 과음을 줄여 알코올성 간질환을 예방한다. 특히 만성 간염 환자가 알코올을 지나치게 섭취해 간이 손상되면 초기에는 단순한 지방간이 나타나지만 점차 알코올성 간염, 간경변으로 진행될 수 있다. 일단 알코올성 간염, 간경변으로 진행되면 금주해도 병이 진행되는 것을 막을 수 없다.
③ 모든 약은 간에 독성을 미칠 수 있으므로 자주 또는 과다한 양을 복용하지 않는다.
④ 성분을 모르는 약 또는 건강식품의 복용은 되도록 삼간다.
⑤ B형 간염 예방접종을 한다.
⑥ 정기적인 건강검진을 통해 간의 상태를 잘 체크한다.
⑦ 민물회나 생식 등은 기생충 감염을 일으킬 수 있으므로 삼간다.
⑧ 과로나 스트레스는 간에 부담을 주므로 적절한 휴식과 운동이 필요하다.
⑨ 일상적인 접촉으로 간염바이러스에 감염되지는 않지만 피부, 구강 내에 상처가 있으면 이를 통해 바이러스가 침투할 수 있으므로 주의한다.
⑩ 매끼 식사를 거르지 말고 적절한 영양을 섭취한다.

숙취 해소

과일과 꿀이 알코올 농도를 낮춘다

토마토 수박 주스

+

술 마신 다음날 머리가 아프고 갈증이 날 때는 토마토와 수박을 갈아 주스로 마시면 좋다. 토마토의 열을 내리게 하는 성분과 수박의 풍부한 수분이 두통과 갈증을 해소시키는 작용을 한다.

132 kcal
비타민 C 50.5mg

토마토 2개, 수박 100g, 꿀 1큰술

1 토마토는 끓는 물에 살짝 담갔다가 건져낸 뒤 껍질을 벗겨 적당한 크기로 자른다.
2 수박은 과육만 도려낸 후 씨를 제거한다.
3 토마토와 수박을 믹서에 함께 넣고 곱게 갈다가 꿀을 넣어 돌린다.

멜론 주스

멜론은 숙취 해소 효과가 좋아 술 마신 다음날 멜론 주스를 한 잔 마시면 간의 회복이 빠르다. 멜론에는 비타민 A가 카로틴의 형태로 들어 있는데 이 베타카로틴 성분이 폐암의 발생율을 저하시키는 것으로 알려져 있다.

103 kcal
비타민 C 48.7mg

멜론 ¼개, 물 ⅓컵, 레몬즙 2작은술, 설탕 시럽 적당량

1 멜론은 껍질을 벗기고 씨를 제거한 후 적당한 크기로 자른다.
2 멜론을 믹서에 간 후 물 ⅓컵과 레몬즙 2작은술을 첨가하여 믹서에 다시 한 번 돌린다.
3 입맛에 따라 설탕 시럽을 첨가하여 단맛을 조절한다.

감 주스

감에 풍부한 비타민 C가 숙취로 인한 피로를 풀어주고, 타닌 성분이 위점막을 수축시켜서 약해진 위장을 보호해준다. 또한 감의 시스틴 성분이 숙취를 해소시키므로 배와 함께 주스를 만들면 숙취로 인한 갈증도 덜 수 있다. 주스로 만들 때는 연시를 이용하는 것이 좋다.

연시 1개, 배 ¼개, 우유 ¼컵

1. 빨갛게 잘 익은 연시는 껍질을 벗기고 적당한 크기로 자른 뒤 씨를 제거한다.
2. 배는 껍질을 벗기고 과육만 적당한 크기로 자른다.
3. 믹서에 감과 배, 우유를 넣고 곱게 간다.

칡 주스

술 마신 다음날 머리가 무겁고 갈증이 날 때 생칡을 즙내어 마시면 좋다. 칡은 두통을 가라앉히고 땀구멍을 열어 땀을 나게 함으로써 술독을 풀어준다. 가슴의 열을 내리는 데에도 효과가 좋다.

생칡 200g, 물 ½컵, 우유 ⅓컵

1. 생칡은 칫솔로 문질러가며 물에 씻은 후 적당한 크기로 자른다.
2. 손질한 칡 토막을 믹서에 넣고 물 ½컵을 넣어 곱게 간다.
3. 면 보자기에 한 번 걸러 맑은 즙만 받은 뒤 우유 ⅓컵을 섞어 마신다. 꿀을 조금 섞어 마셔도 좋다.

과민성 대장

스트레스 줄이고 규칙적인 배변 습관을

사과 주스

사과는 변비 개선은 물론 장의 기능을 좋아지게 하는 효과가 있다. 펙틴 성분이 장의 운동을 돕고 장의 이상 발효를 방지하기 때문이다. 변비 증세가 있을 때는 물도 함께 많이 마시되, 과민성 대장증상 등으로 설사가 날 때는 물을 적게 마시고 사과를 먹는 것이 좋다.

사과 1개, 레몬 ½개, 물 ½컵, 꿀 또는 설탕 적당량

1 레몬은 즙을 낸다.
2 사과는 껍질을 벗기고 속과 씨를 도려낸 후 믹서에 곱게 갈아 레몬즙을 넣고 잘 섞는다.
3 기호에 따라 꿀이나 설탕을 조금 넣어 마신다.

연근 당근 주스

\+

연근은 섬유질이 풍부해 변비에 효과가 있다. 당근 역시 섬유질의 일종인 펙틴이 풍부한데, 이 성분이 변통을 좋게 해 변비나 설사 증세를 개선시킨다.

연근 50g, 당근 ½개, 물 ½컵, 꿀 또는 레몬즙 적당량

1 연근과 당근은 껍질을 벗기고 깨끗이 씻은 다음 적당한 크기로 자른다.
2 연근과 당근을 믹서에 넣고 물을 부어 곱게 간다. 기호에 따라 레몬즙이나 꿀을 넣어 마신다.

시금치 바나나 주스

시금치의 섬유질인 펙틴은 장 기능을 좋게 하므로 설사 · 변비가 잦은 사람에게 효과적이다. 특히 변비를 개선시키는 바나나와 함께 주스를 만들면 효과가 더욱 높아진다. 푹 익은 바나나는 변비는 물론 장이 약한 어린이에게 좋고 덜 익은 바나나는 설사를 줄여주는 효과가 있다.

시금치 100g, 바나나 ¼개, 우유 ½컵, 꿀 1큰술, 레몬즙 1작은술

1. 싱싱하고 연한 시금치를 준비해 잘 다듬어 물에 깨끗이 씻은 다음 적당한 크기로 썬다.
2. 시금치와 바나나, 우유를 함께 믹서에 간다.
3. 꿀 1큰술과 레몬즙 1작은술을 첨가해 마신다.

따뜻한 매실 음료

매실에는 강력한 항균작용이 있다. 과민성 대장증상으로 만성적인 설사에 시달린다면 매실청이나 매실장아찌를 물에 희석해 먹는 것이 좋다. 매실의 강력한 살균 성분이 위 속의 해로운 균을 없애 배탈, 설사를 막아주기 때문이다.

매실장아찌 1개, 매실청 2작은술, 물 ½컵

1. 찻잔에 매실장아찌 1개와 매실청 2작은술을 넣는다.
2. 팔팔 끓인 물을 찻잔에 부어 맛과 향이 우러나게 해서 마신다.

파인애플 망고 스무디

파인애플에는 비타민 C와 B군 외에 신진대사에 도움을 주는 유기산이 다량 함유돼 있어 머리를 맑게 하는 효과가 있다. 우유를 섞어 셰이크를 만들면 우유의 칼슘 성분이 신경을 진정시켜주므로 몸과 마음이 한결 개운해진다.

+

파인애플 100g, 망고 ½개, 우유 ⅔컵, 설탕 시럽 2작은술

1 파인애플은 껍질을 벗기고 딱딱한 심지를 도려낸 후 1cm 크기로 깍둑썰기 해 냉동실에 얼린다.
2 망고는 껍질을 벗기고 1cm 크기로 썰어 냉동실에 얼린다.
3 얼린 파인애플과 망고를 믹서에 넣고 우유를 부어 곱게 간다. 여기에 설탕 시럽을 넣고 잠깐 더 돌린다.

피망 토마토 주스

80 kcal
비타민 C 138.4mg
칼슘 152.2mg

토마토의 풍부한 칼륨은 혈압을 내려주고 기분을 안정시키며, 피망의 비타민 C는 스트레스를 해소시킨다. 따라서 과중한 업무 스트레스로 뒷목이 당기는 증상이 나타나는 사람, 특히 스트레스 많은 중년 남성에게 좋다.

+

피망 1개, 토마토 1개, 오렌지주스 ½컵

1. 피망은 씨를 제거하고 잘게 썬다.
2. 토마토는 끓는 물에 넣고 살짝 굴려 껍질을 벗긴 뒤 적당한 크기로 자른다.
3. 피망과 토마토를 믹서에 넣고 오렌지주스를 부어 곱게 간 후 마신다.

스트레스 해소

대추 우유 주스

129 kcal
비타민 C 1.6mg
칼슘 150.2mg

여유 없이 사는 현대인들이라면 틈날 때마다 대추를 한 알씩 먹는 것이 좋다. 대추에는 비타민 A와 C 외에 칼슘, 인, 철분, 마그네슘 등 미네랄이 꽉 차 있어 건강에 아주 좋고 긴장된 마음을 완화시키기 때문이다. 우유 역시 마음을 안정시키는 역할을 하므로 대추와 함께 주스로 갈아 마시면 좋다.

+

말린 대추 5개, 우유 ⅔컵, 꿀 1큰술

1. 곰팡이 없이 잘 말린 대추를 준비해 홈 사이 먼지를 닦아내고 물에 깨끗이 씻은 후 씨를 제거한다.
2. 손질한 대추와 우유를 믹서에 함께 넣고 곱게 간다.
3. 입맛에 맞게 꿀을 넣어 마신다.

연근 요구르트 주스

132 kcal
비타민 C 57mg
칼슘 22mg

연근은 비타민 C와 섬유질이 풍부하고 철분, 칼륨, 섬유질이 고루 함유된 식품이다. 신경의 피로를 해소시키는 작용이 있어 연근즙을 꾸준히 마시면 스트레스로 인한 질병을 예방할 수 있다.

+

연근 100g, 물 ⅓컵, 요구르트 ½컵

1 연근은 껍질을 벗기고 물에 깨끗이 씻은 뒤 적당한 크기로 자른다.
2 손질한 연근은 물과 함께 믹서에 곱게 간다.
3 요구르트를 넣고 조금 더 돌려 섞는다.

눈의 피로

물 많이 마시고 비타민 A와 B군을 충분히

블루베리 주스

블루베리에는 안토시아닌이 풍부하다. 안토시아닌은 눈의 노화를 억제해 백내장을 예방하며 특히 당뇨병으로 인한 망막염을 개선시킨다. 근시나 컴퓨터를 오래 보는 직장인들의 눈의 피로에도 효과를 볼 수 있다.

블루베리(냉동) 70g, 우유 ⅔컵

1 냉동 블루베리를 실온에 두어 해동한 후 우유와 함께 믹서에 곱게 간다.
2 블루베리 생 열매로 주스를 만들 경우 꿀을 조금 첨가한다.

피망 주스

비타민 A의 보고로 알려진 피망은 비타민 B_1 · B_2도 풍부해 시력을 보호해주고 각종 눈 질환을 예방해 주는 효과가 크다. 특히 간 기능 저하로 인해 시력이 감퇴될 때 피망을 꾸준히 먹는 것이 좋다.

13 kcal
비타민 A 155.6RE
비타민 B_2 0.04mg

피망 1개, 물 ½컵, 레몬즙 2작은술

1 피망은 물에 깨끗이 씻은 뒤 꼭지와 씨를 제거하고 적당한 크기로 자른다.
2 믹서에 손질한 피망을 넣고 물을 부어 곱게 간다.
3 레몬즙을 첨가하면 마시기가 한결 낫다.

결명차 참깨 주스

+

눈의 피로를 풀고 시력을 좋게 하는 데 결명자가 아주 좋다. '밝음을 결정해주는 종자'라는 뜻을 지닌 결명자는 〈동의보감〉에 눈을 밝게 하는 식품으로 기록되어 있다. 차로 끓이거나 빻아서 두유 또는 우유와 함께 마셔도 좋다.

499 kcal
비타민 B_2 0.39mg

결명자 30g, 참깨 50g, 두유 1컵

1. 결명자와 참깨는 분마기로 곱게 가루 낸다. 방앗간에서 한꺼번에 빻아 놓고 수시로 이용하면 좋다.
2. 결명자와 참깨가루를 두유에 잘 섞어서 마신다. 고소한 맛이 나므로 단맛을 첨가하지 않아도 된다.

케일 주스

케일에는 비타민 A · B군 · C · P와 각종 미네랄이 풍부한데, 특히 비타민 A는 세포의 성장과 발육을 돕고 눈과 피부점막을 보호하며 면역기능을 활성화시킨다. 비타민 B_2는 만성피로를 풀어주고 각막의 건강을 지켜준다.

19 kcal
비타민 A 303RE
비타민 B_2 0.25mg

케일 100g, 물 ½컵, 레몬즙 2작은술

1. 케일은 너무 뻣뻣하지 않고 싱싱한 것으로 준비한다.
2. 준비한 케일은 흐르는 물에 깨끗이 씻어 물기를 제거한다.
3. 손질한 케일을 적당한 길이로 잘라 믹서에 넣고 곱게 간다. 레몬즙이나 꿀을 첨가하면 먹기가 한결 낫다.

자극적인 음식 피하고 올바른 식습관을

무 양배추 주스

양배추에는 위나 십이지장의 헐은 점막을 재생시켜 주는 비타민 U와 출혈을 막아주는 비타민 K가 많이 들어 있다. 소화를 돕는 효소인 디아스타제가 풍부한 무와 함께 주스를 만들어 마시면 소화도 잘 되고 위 · 십이지장궤양이 개선된다.

+

124 kcal
비타민 B_2 0.18mg

무 100g, 양배추 50g, 우유 ½컵, 꿀 적당량

1 무는 적당한 크기로 자르고, 양배추는 잘게 썬다.
2 무와 양배추를 우유와 함께 믹서에 간다.
3 기호에 따라 꿀을 조금 섞어 마셔도 된다.

바나나 요구르트 주스

발효유인 요구르트에는 상큼한 신맛이 있어 바나나와 섞으면 맛이 중화되어 먹기 좋다. 위장 기능이 약해 식사를 잘 못하는 사람이라면 바나나와 요구르트를 섞어 주스를 만들어보자. 속이 든든하고 장도 튼튼하게 해준다.

+

158 kcal
비타민 C 0.15mg

바나나 1개, 요구르트 ½컵

1 바나나는 잘 익은 것으로 골라 껍질을 벗긴 후 적당한 크기로 자른다.
2 바나나를 요구르트와 함께 믹서에 곱게 갈아 마신다.

양배추 감자 주스

감자는 양배추와 마찬가지로 헐은 위 점막을 재생시키고 쓰린 속을 달래주는 효과가 있다. 위궤양이나 위염으로 식사를 잘 못하는 사람이라면 양배추와 감자를 함께 갈아 음료처럼 마시면 아주 좋다. 단, 감자는 싹에 독이 있으므로 꼭 제거해야 한다.

양배추 100g, 감자 1개, 요구르트 ½컵, 꿀 적당량

1 양배추는 깨끗이 씻어 잘게 썰고 감자는 껍질을 벗긴다.
2 감자를 적당한 크기로 썬 후 요구르트와 함께 믹서에 간다.
3 기호에 따라 꿀을 넣어 마신다.

알로에 주스

알로에는 신체 세포액을 개선시켜 정상세포로 하여금 같은 성질의 세포를 만들도록 도와주는 작용을 한다. 따라서 위나 장의 궤양 등에 효과가 있다. 특히 강한 살균 · 항균작용이 있어 상처 부위의 감염을 예방하는 효과가 뛰어나다.

알로에(알로에 베라 또는 아보레센스) 130g, 물 ⅔컵, 꿀 1큰술

1 알로에는 칼로 두꺼운 껍질을 벗긴다.
2 알로에를 적당한 크기로 썰어 믹서에 넣고 물을 부어 함께 간다.
3 꿀 1큰술을 고루 섞어서 마신다.

식욕 감퇴

새콤한 과일이 입맛을 살린다

쑥갓 주스

쑥갓은 비타민 A·B·C와 철분·칼륨·칼슘 등의 미네랄, 섬유질, 엽록소 등 몸에 좋은 영양소가 풍부한 알칼리성 식품. 즙을 내 마시면 독특한 향과 쌉쌀한 맛이 입맛을 돌게 한다. 더위로 입맛이 없을 때 먹으면 특히 좋다.

109 kcal
비타민 C 80.7mg

쑥갓 120g, 오렌지주스 ⅔컵, 꿀 적당량

1 잎이 푸르고 싱싱한 쑥갓을 구입해 잘 다듬어 물에 깨끗이 씻은 후 물기를 털어둔다.
2 손질한 쑥갓을 오렌지주스와 함께 믹서에 간다.
3 기호에 따라 꿀을 조금 넣어 마셔도 된다.

매실 레몬 스쿼시

+

매실은 구연산, 사과산 등의 유기산과 비타민 C가 풍부해 피로를 풀어주고 입맛을 돋우는 작용을 한다. 비타민 C가 풍부한 레몬을 섞어 냉음료를 만들어 마시면 피로가 가시고 잃었던 입맛도 되찾을 수 있다.

40 kcal
비타민 C 5.4mg

매실주 1큰술, 레몬즙 2작은술, 레몬 1쪽, 물·설탕 3큰술씩

1 매실주와 레몬을 즙내어 준비한다.
2 냄비에 물과 설탕을 3큰술씩 넣고 끓여 시럽을 만든 뒤 차게 식혀서 매실주와 레몬즙에 잘 섞는다.
3 레몬을 껍질째 깨끗이 씻은 후 얇게 저며서 반달 모양을 만들어 1쪽 띄우고 얼음을 넣는다.

키위 주스

키위에는 비타민 C가 특히 많이 함유돼 있으며, 칼륨도 고루 들어 있어 피로 해소에 좋다. 또한 키위에는 섬유질의 일종인 펙틴도 들어 있어 대장 질환에 도움이 되며 백내장 예방과 콜레스테롤 저하에도 한몫한다. 따라서 주스로 갈아 마시면 피로 해소, 식욕 증진, 대장 질환 예방 등의 효능을 볼 수 있다.

186 kcal
비타민 C 81.24mg

키위 1개, 물 1컵, 꿀 1큰술

1 키위는 껍질을 벗겨 적당한 크기로 자른다.
2 적당하게 자른 키위를 물 ½컵과 함께 믹서에 간다.
3 꿀을 섞어서 단맛을 조절한다.

식욕을 좋게 하는 식습관 & 생활습관

바른 식습관을 갖는다

식욕이 없다고 끼니를 거르면 영양 부족으로 건강을 해치기 쉽다. 식욕이 없더라도 하루 세끼를 규칙적으로 꼬박꼬박 먹는 것이 좋다. 규칙적인 식사는 식욕을 돋우는 역할을 한다.

간식이나 야식은 피한다

입맛이 없다고 끼니를 거르고, 배가 고파서 간식이나 주전부리를 하면 악순환이 계속된다. 특히 간식은 단맛 나는 과자나 빵, 트랜스지방산이 많은 패스트푸드, 튀김류 등일 가능성이 많은데 이것들이 오히려 식욕을 떨어뜨리는 결과를 가져온다.

적당한 운동을 한다

꼼짝 않고 방에만 있거나 활동량이 적은 사람은 식욕이 없을 수밖에 없다. 적당히 운동을 하고 몸을 움직이면 활력이 솟아 식욕도 저절로 좋아진다.

신맛 나는 향신료로 입맛을 돋운다

새콤한 맛이 나는 음식은 미각 중추를 자극해 식욕을 돋게 한다. 계절적인 이유로 입맛이 없을 때는 식초 등의 신맛 나는 향신료로 미각을 자극해보는 것도 좋다. 새콤한 맛에 저절로 침이 고이게 된다.

과로하지 않는다

잠을 제대로 자지 못하거나 몸이 너무 피곤해도 혀가 깔깔하고 입맛이 나지 않는다. 적절한 수면과 휴식을 취하면 입맛을 되살릴 수 있다.

저지방 · 섬유질 음식을 먹는다

전립선 질환의 여러 가지 증상

전립선염
- 소변을 볼 때 따끔거리거나 잔뇨감, 배뇨장애가 있다.
- 소변이 잦고 색이 진하며, 피오줌이 생겼다.
- 요도나 회음부의 불쾌감과 통증이 있다.

전립선비대증
- 소변이 자주 마렵다.
- 뜸을 들여야 소변이 나온다.
- 소변줄기가 가늘고, 중간에 끊기고, 배뇨가 길다.
- 잔뇨감이 있어 심하면 소변이 방울방울 떨어지거나 소변이 안 나온다.
- 잔뇨량이 더 증가해 신장으로 역류하기도 한다.

전립선암
- 초기에는 증상이 거의 없다.
- 진행되면서 척추나 뼈로 전이되어 그 부위의 통증을 호소한다.

토마토 주스

전립선암 예방과 전립선 질환 개선에 가장 좋은 과일이 토마토다. 토마토의 붉은 색소인 라이코펜 성분이 DNA 손상을 막아주므로 전립선암을 비롯한 각종 암의 발생 위험을 줄인다. 라이코펜의 항암 능력은 카로틴의 2배로 알려져 있다.

87 kcal
비타민 E 2.0mg
식이섬유 1.61g

토마토 2개, 물 ½컵, 레몬즙 1작은술, 꿀 적당량

1 토마토는 끓는 물에 살짝 담갔다가 건져낸 뒤 껍질을 벗겨 적당한 크기로 자른다.
2 토마토와 물을 믹서에 함께 넣고 곱게 간다.
3 꿀을 넣어 믹서를 한 번 더 돌리고 마지막에 레몬즙을 넣어 섞는다.

파파야 주스

파파야는 중년기 이후의 남성에게 좋은 과일이다. 최근에는 파파야가 전립선 치료에 효과가 있다는 연구 결과가 잇따르고 있어 각종 전립선 질환이 의심되는 중년기 이후에 파파야를 적극적으로 먹으면 많은 도움이 된다.

94kcal
비타민 E 4.02mg
식이섬유 0.52g

파파야 ½개, 물 ⅓컵, 레몬 ½개

1 실온에서 숙성시켜 오렌지 빛을 띠는 파파야를 준비한다.
2 파파야는 껍질을 벗기고 반 가른 후 속의 씨를 긁어내고 적당히 자른다.
3 믹서에 파파야를 넣고 물을 부은 후 곱게 간다. 레몬을 즙내서 뿌려 마신다.

구운 마늘 드링크

최근 마늘의 항암효과가 속속 규명되고 있다. 미국 국립암연구소는 마늘, 양파, 파 등을 즐겨 먹으면 전립선암 발생률이 50~70% 정도 떨어진다고 발표했다. 그 중에서도 마늘의 항암효과가 가장 높은 것으로 알려져 있다.

168kcal
비타민 E 0.28mg
식이섬유 0.17g

마늘 4쪽, 우유 1컵, 꿀 적당량

1 마늘은 껍질을 벗기고 씻은 후 전자레인지나 오븐에 굽는다.
2 구운 마늘을 우유와 함께 믹서에 곱게 간다.
3 입맛에 맞게 꿀을 첨가해 마신다.

알아두세요

건강 체질을 만들어 주는

한방차

향을 음미하며 느긋하게 즐기는 한방차. 한방차에는 테라피 효과가 있어서 신경을 안정시키고 기운을 북돋우며 질병을 개선시키는 등 다양한 효능을 발휘한다. 가까이 두고 약차로, 또는 기호음료로 자주 마시면 건강한 체질로 가꿀 수 있다.

몸에 좋은 한방차, 영양과 효능

기억력을 높여주는 오미자차

오미자에는 뇌파를 자극하는 성분이 있어 머리를 맑게 해주고 집중력과 기억력을 높여준다. 오미자 특유의 시고 떫은맛이 기관지를 수축시키므로 만성 기관지염에 효력이 있으며, 폐 기능을 강화시켜 잔기침이나 가래, 인후염, 편도선염에 좋다. 입이 타는 듯한 심한 갈증에도 오미자차를 마시면 갈증이 해소된다.

비타민 C 풍부한 유자차

유자에는 레몬의 3배가 넘는 비타민 C가 들어 있어 목을 따뜻하게 해주고 기침 · 가래를 멎게 한다. 신맛을 내는 구연산이 비타민 C와 함께 작용해 과로로 인한 감기 몸살에 특히 효과가 있다. 이밖에 히스페리딘이라고 하는 비타민 P와 같은 작용을 하는 성분이 모세혈관을 튼튼하게 하고 혈액순환을 촉진시켜 중풍이나 동맥경화를 예방하는 효과가 있다.

기침을 멎게 하는 모과차

칼슘, 칼륨, 철분 등의 미네랄이 풍부한 알칼리성 식품. 맛은 시고 떫은데, 신맛을 내는 사과산이 신진대사를 원활하게 해주고 소화 효소 분비를 촉진시키며, 떫은맛을 내는 타닌 성분이 설사를 멎게 해준다. 한방에서도 모과가 감기, 기관지염, 폐렴 등을 앓아 기침을 심하게 하는 경우에 탁월한 효과가 있는 것으로 알려져 있다.

갈증을 풀어주는 칡차

칡은 속의 열을 풀어주고 땀을 내며 갈증과 두통, 요통, 변비를 예방해준다. 게다가 경련이 일어나 뒷목이 뻣뻣하고 목을 움직이지 못하는 증상이나 목과 등에 오는 통증을 막아주는 작용도 있어 장시간 컴퓨터를 사용하는 사람들에게 특히 좋다. 숙취 해소 효과도 있어 음주 후 칡즙이나 칡차를 마시면 갈증이 사라진다.

몸에 활력을 주는 매실차

매실은 각종 비타민과 미네랄, 유기산이 다른 과일이 따라오지 못할 정도로 풍부하다. 매실의 유기산은 피로 해소를 돕고 위장의 작용을 활발하게 하며 식욕을 돋우고 피부를 곱게 한다. 또한 매실의 강력한 살균 성분이 위 속의 해로운 균을 없애 배탈, 설사를 막아준다. 매실의 피크린산이 간장의 기능을 활성화해 숙취에도 좋다.

혈액순환을 좋게 하는 솔잎차

솔잎에는 혈액의 흐름을 좋게 하고 혈관의 벽을 튼튼하게 해 중풍과 고혈압을 예방해준다. 혈액순환이 잘 되면 신경통, 류머티즘 증세가 개선되며 체내 호르몬의 균형을 유지할 수 있다. 또한 솔잎에 풍부한 엽록소가 조혈작용을 해 상처 치료, 빈혈, 위궤양 등에 효과를 낸다. 월경불순에도 효과적이다.

성질 급한 사람에게 좋은 대추차

한방에서는 대추를 감 처럼 다양한 곳에 이용해 왔다. 말린 대추를 달여 먹으면 기운이 나고 장이 튼튼해지며 젊음을 유지할 수 있다. 그 밖에 기침이 멎고 열이 내리며 변비가 개선되는 등 다양한 효과가 있다. 대추에는 특히 신경을 누그러뜨리는 작용이 있어 예민하고 신경질적이며 성격이 급한 사람들에게 더없이 좋다.

잔병을 막아주는 구기자차

구기자에는 간장과 비장을 돕는 작용이 있어 피로 해소에 좋으며, 꾸준히 마시면 잔병을 막을 수 있다. 또한 위장을 튼튼히 하고 소화 기능을 향상시켜 체중 감량에도 효과적이다. 여성에게는 특히 피부를 맑게 하고 기미를 없애주기 때문에 미용재료로 자주 이용된다. 눈이 침침하거나 현기증이 날 때, 과로했을 때도 효과가 있다. 비타민 C 외에 과일에 풍부한 비타민 A도 피부의 외부층인 상피조직과 각 기관의 세포 기능을 활성화시켜 피부미용에 좋은 역할을 한다.

가래를 삭이는 귤껍질차

비타민 C가 풍부해서 피로 해소, 감기 예방, 식욕 증진, 피부미용에 효과가 뛰어나다. 감기 초기에 귤껍질 달인 차(진피차)를 마시면 땀이 나면서 열이 내리게 된다. 가래로 인해 목이 답답하거나 기침이 자주 날 때 먹으면 가래를 완화시켜 증상 회복에 도움이 된다.

자양강장에 좋은 산수유차

중추신경에 작용해 머리를 맑게 해주고 신경을 안정시키며 두통을 가라앉히는 효과가 있다. 소화기에도 좋은 작용을 해 위장을 튼튼히 해주며, 장의 연동운동을 촉진시켜 소화를 돕는다. 혈액순환을 좋게 해 각종 순환계 질환이나 수족냉증, 신경통에 효과가 있고 식은땀을 멎게 해 감기나 한기, 해열 등에 좋다.

몸을 덥혀주는 생강차

몸이 차가워서 생기는 설사와 복통에 안성맞춤. 땀을 내고 열을 떨어뜨리며 신진대사를 활발하게 해 몸속까지 따뜻하게 해주므로 감기의 여러 증세에 잘 듣는다. 또한 식욕을 돋우고 구토를 가라앉히며 혈액순환을 좋게 하는 효과도 있다.

혈압을 낮춰주는 뽕잎차

뽕나무 잎에는 혈압을 내리는 성분이 있어 뇌혈관을 강화시키고 뇌출혈을 막아준다. 뽕잎에 뜨거운 물을 부어 녹차처럼 자주 마시면 혈압이 안정되어 중풍을 예방할 수 있다. 고혈압 외에 신경통에도 효과가 있으며 폐질환으로 인한 기침과 기관지염을 다스리기도 한다.

심혈관 질환이 걱정된다면 당귀차

보혈뿐 아니라 혈관을 확장시키고 혈압을 내리는 작용이 있다. 어혈이 있어 팔다리가 늘 저리거나 심혈관 질환이 걱정되는 사람에게 좋다. 비타민 B_{12}와 엽산이 풍부해 월경불순이나 월경통, 빈혈 등에 효과가 있으며, 건망증이나 집중력이 떨어진 경우에도 효과를 발휘한다.

몸을 튼튼하게 해주는 두충차

두충은 허약한 신체 각 기관에 활력을 주고 몸과 마음을 상쾌하게 해주며 정력강화, 기억력 감퇴에 효과를 발휘한다. 혈압을 떨어뜨리고 혈중 콜레스테롤을 줄여주는 효과도 있어 성인병이 걱정되는 사람에게 아주 좋다. 이뇨를 도와 체내 불필요한 수분과 노폐물을 배출시키므로 다이어트 효과까지 볼 수 있다.

부인병에 효과 높은 쑥차

쑥에 함유된 치네올 성분이 중추신경을 자극해 활동이 약한 장기 기능을 정상화시킨다. 쑥은 특히 여성에게 좋은 것으로 유명한데, 이것은 쑥에 혈액순환을 좋게 하고 몸을 따뜻하게 하는 효능이 있기 때문이다. 따라서 여성의 냉대하나 생리불순, 생리통을 개선시키고 감기나 수족냉증에도 효과를 발휘한다.

두통 · 현기증 치료제 국화차

간장을 보호하고 눈을 밝게 하며 머리를 맑게 하는 것으로 알려져 한방에서는 두통과 현기증의 치료약으로 사용해왔다. 특히 책이나 컴퓨터 모니터를 많이 봐서 눈이 침침하고 열이 날 때 달여 마시면 효과적이다. 베개 속에 말린 국화 몇 송이를 넣어두면 일어났을 때 머리가 한결 가볍고 개운해진다. 기침, 신경통에도 효과가 있다.

피부질환에 효과 삼백초차

풍부한 타닌 성분이 피부질환에 효과를 발휘해 여드름, 종기, 부스럼 치료제로 사용된다. 타닌 성분이 몸속에 흡수되면 체지방을 연소시키는 효과도 있다. 그 밖에 몸속의 중금속 및 유해 물질을 결합해 소변으로 배출시켜 해독작용을 하기도 한다. 타닌은 또한 혈전 생성을 억제해 중풍 및 동맥경화, 고혈압을 예방해주는 효과도 있다.

인삼만큼 몸에 좋은 가시오갈피차

중추신경을 흥분시켜 피로 해소를 돕고 신진대사를 원활하게 해주며, 정력감퇴나 기억력 상실 등에 효과를 보인다. 그 밖에 허리나 다리가 약해 통증이 있을 때도 유용하게 쓰인다. 특히 혈당치를 내려주고 혈액 속의 백혈구를 증가시키는 것으로 유명하다. 고혈압, 중풍 같은 당뇨 합병증이나 신경통에도 효과가 있다.

물처럼 마시는 허약체질 개선제 둥굴레차

몸에 기운이 없고 식은땀이 나며 팔다리가 쑤실 때, 입안이 마른 갈증이 있고 소변이 시원하지 못할 때 둥굴레차를 마시면 좋다. 둥글레의 뿌리는 열을 다스리고 허약체질을 개선하는 효과가 있을 뿐 아니라 혈압과 혈당을 낮추는 작용이 있어 장기간 복용하면 안색과 혈색이 좋아진다.

비타민 C 저장소 감잎차

비타민 A와 C가 풍부해 감기를 예방하고 면역기능을 강화시켜준다. 꾸준히 마시면 고혈압, 동맥경화, 당뇨병 등의 성인병을 개선시키는 효과도 있다. 감잎에는 이뇨를 돕는 성분도 있는데 이 성분이 신진대사를 촉진시키고 부기를 빼 다이어트에도 도움이 된다.

신경증 치료에 좋은 차조기차

생긴 것은 깻잎과 비슷하나 깻잎과는 다른 독특한 향이 있는 차조기는 '자소엽'이라 하여 한방에서 신경증 치료에 이용해왔다. 해독작용이 있어 일본에서는 음식에 많이 이용된다. 선천적으로 신경이 예민하고 소화기가 약하며 불면증이 있는 사람에게 차조기 잎이 특히 좋다. 신경이 예민해 식욕이 떨어지고 소화가 잘 안 될 때 효과를 발휘한다.

한방차 재료 고르기

오미자 습기 없이 잘 말라 있으며, 알갱이가 굵고 선홍색을 띠는 것이 좋은 것이다. 검붉은 색을 띠는 것은 피한다.
구기자 알이 굵고 단단하며 붉은색이 선명한 것이 좋다. 오래 묵은 것은 검은빛에 가까운 자주색이 난다.
모과 흠집이 없고 노랗게 잘 익은 것이 좋은 것이다. 너무 오래 된 것은 향이 약하므로 되도록 향이 진한 것을 고른다.
매실 표면에 상처가 없고 깨끗한 것을 고른다. 깨물어 보았을 때 신맛과 단맛이 나며, 씨가 작고 과육이 많은 것이 좋다.
칡 굵고 담황색과 갈색이 섞여 있으며, 씹어 보아 달착지근한 맛이 나면서 칡 냄새가 진하게 나는 것이 좋다.
대추 껍질이 붉고 얇으며, 잘 마른 것을 고른다. 과육은 부드럽고 단맛이 나는 게 좋다. 곰팡이가 핀 것은 피하도록.
유자 알이 굵고 윤기가 나며 짙은 향이 우러나는 것이 좋다.
둥굴레 뿌리가 굵고 고르며 지저분한 것이 섞이지 않은 것을 고른다. 색이 진한 것보다는 옅은 것이 낫다.
감잎 말린 것을 구입할 때는 잡티가 많이 끼어 있지 않고 색이나 크기가 균일한 것을 고른다.
솔잎 색은 연하면서 쇠지 않은 여린 솔잎이 좋다.
생강 매끈하고 톡 쏘는 향이 강한 것을 고른다.

산수유 진자줏빛으로 단맛과 신맛이 조화를 이룬 것이 좋다.
귤껍질 잘 마르고 색이 짙은 주황색을 띠는 것이 좋다.
계피 특유의 향이 진하고 단맛과 매운맛이 강한 것이 좋다.
쑥 너무 쇠지 않고 옅은 색을 띠는 여린 잎이 좋다.
차조기 벌레 먹지 않고 잎의 갈퀴가 선명한 것이 좋다.

차 끓이기

손질하기 물에 한 번 헹군 후 물기를 빼서 사용한다. 말려서 파는 것은 먼지가 많이 끼어 있을 수 있으므로 체에 밭친 채 한 번 물을 흘려서 씻는 게 좋다.

재료와 분량 차의 종류에 따라서 차이가 있지만 말린 잎차는 10~15g 정도, 말리지 않은 재료나 뿌리 등은 20g 정도가 알맞다. 물은 일반적으로 3컵 정도 붓고 끓여 반으로 줄면 세 번에 나누어 마신다.

끓이기 차의 종류에 따라 뜨거운 물만 부어 우려 마시는 것과 살짝 끓여 마시는 것, 오래 달이는 것 등 제각각이므로 각각의 방법을 잘 알아두도록 한다. 보통 찬물에 재료를 넣고 센 불에서 끓이다가 약한 불로 줄여 은근히 끓이는데, 씨앗과 뿌리를 사용할 때는 40분, 열매나 껍질을 사용할 때는 20분, 잎은 10분 이내로 끓인다.

마시기

찻잔에 우리는 게 아니라면 하루 분량을 끓여 3세 번에 나누어 마신다. 보통 3컵의 물을 붓고 끓여 반으로 줄면 한 번에 찻잔으로 한 잔, 즉 ½컵씩 따라 마시면 된다. 식으면 약효가 떨어지므로 되도록 따뜻할 때 마신다. 녹차를 비롯한 각종 잎차는 물처럼 수시로 마시는 게 좋다.

part 4

for Children

소중한 내 아이를 위한
영양만점 주스

체력 강화

아연이 체력을 좋게 한다

마 주스

196kcal
당질 34.7g
아연 1.43mg

마는 소화 효소인 디아스타제가 많이 들어 있고 미네랄이 풍부해서 신진대사를 원활하게 해준다. 신진대사가 순조로우면 건강하고 병에 잘 걸리지 않는다. 마를 갈아서 우유와 섞어서 음료로 늘 마시게 하면 좋다.

산마 200g, 우유 ½컵, 꿀 ½큰술

1. 마는 껍질을 벗기고 물에 깨끗이 씻는다.
2. 마를 적당한 크기로 자른 후 우유와 함께 믹서에 간다.
3. 입맛에 따라 꿀 ½큰술을 타서 마신다.

수삼 냉 두유

인삼은 쇠약해진 몸을 회복시키는 데 뛰어난 효능을 지닌 것으로 알려져 있다. 면역기능을 개선하여 병에 대한 저항력을 높여주므로 기초 체력이 튼튼해진다. 수삼의 잔뿌리인 미삼을 이용하면 가격도 저렴하므로 음료 등으로 자주 이용하면 좋다. 단, 열이 많은 아이는 수삼 대신 홍삼을 사용한다.

미삼 1뿌리, 두유 ⅔컵, 잣 3큰술, 물 1큰술, 꿀 ½큰술, 얼음 조금

1. 미삼은 잔뿌리를 솔로 깨끗이 씻은 다음 잘게 썬다.
2. 믹서에 미삼과 잣을 넣고 곱게 간다. 물을 1큰술 정도 넣으면 잘 갈린다.
3. ②에 두유 ⅔컵을 넣고 다시 한 번 돌려 잘 섞이게 한 다음 얼음을 띄워 마신다. 입맛에 따라 꿀을 넣으면 더 맛있다.

브로콜리 양배추 주스

브로콜리와 양배추 모두 비타민 A와 C가 풍부해 인체 면역력을 강화시켜주므로 꾸준히 섭취하면 잔병이 없고 몸이 튼튼하다. 특히 브로콜리는 혈액을 보충하고 활성산소를 억제해 체질을 튼튼하게 하는 데 더없이 좋다.

\+

128kcal
당질 18.4g
아연 111.9mg

브로콜리 100g, 양배추 50g, 우유 ½컵, 꿀 ½큰술

1 브로콜리는 송이를 적당히 나눈 후 끓는 물에 살짝 데친다.
2 양배추는 깨끗이 씻은 후 적당히 자른다.
3 브로콜리와 양배추를 믹서에 넣고 우유를 부어 간다. 양배추 특유의 냄새가 싫으면 꿀을 조금 넣어 마신다.

호박 라테

호박에 풍부한 카로틴이 체내에 들어가면 비타민 A가 효력을 발휘해 혈액을 보충하는 데 쓰인다. 그뿐 아니라 호박은 비타민 B군과 C, 칼슘과 철분, 인 등의 미네랄이 풍부해 성장기 어린이에게 특히 좋다. 머리를 맑게 하는 계핏가루를 뿌려도 좋다.

늙은 호박 200g, 우유 1컵

1 늙은 호박은 반 갈라 껍질을 벗긴 후 찜통이나 전자레인지에 찐다.
2 우유는 전자레인지에 따뜻하게 데운 후 찐 호박과 함께 믹서에 곱게 간다.

성장 촉진

단백질, 칼슘 등 영양을 골고루

바나나 파인애플 주스

바나나는 탄수화물, 단백질, 지방 등 성장에 필요한 영양소가 골고루 들어 있어 어린이 간식으로 좋다. 각종 미네랄도 풍부하고, 면역력을 높여주는 비타민 B_6도 많이 들어 있어 파인애플과 함께 주스를 만들면 아이들에게 무척 좋다.

바나나 1개, 파인애플 100g, 우유 ⅔컵

1 바나나는 껍질을 벗기고 적당한 크기로 자른다.
2 파인애플은 껍질을 벗기고 심지를 잘라낸 후 적당한 크기로 토막 낸다.
3 바나나와 파인애플을 믹서에 넣고 우유 ⅔컵을 부어 곱게 간다.

아보카도 우유 스무디

아보카도는 과일 중에서는 특이하게 지방과 단백질 함유량이 높다. 트립토판, 리신 등 양질의 단백질과 불포화지방산, 비타민 E 등 각종 영양소가 듬뿍 들어 있어 성장기 어린이에게 특히 좋다. 우유와 함께 갈아 마시면 효과적이다.

아보카도 1개, 우유 ½컵, 꿀 2작은술

1 잘 익어서 짙은 밤색을 띠는 아보카도를 준비한다.
2 아보카도는 반 갈라 껍질을 벗기고 씨를 뺀 후 적당한 크기로 자른다.
3 아보카도와 우유를 함께 믹서에 넣고 곱게 간 후 꿀을 조금 첨가한다.

밤 고구마 주스

+

밤은 영양이 풍부할 뿐 아니라 소화기관을 튼튼하게 하는 식품이다. 양질의 단백질 외에 칼슘, 칼륨, 철분과 비타민 A · B_1 · C 등이 풍부해 이유식이나 어린이 간식으로 많이 이용된다. 고구마와 함께 갈아 마시면 속이 든든하다. 변비가 있거나 소화력이 약한 아이라면 고구마를 껍질째 이용하도록 한다.

밤 5개, 고구마 ⅓개, 우유 ⅔컵, 아몬드 슬라이스 조금

1. 밤과 고구마는 삶아서 껍질을 벗긴다.
2. 삶은 밤과 고구마, 우유를 믹서에 넣고 곱게 간다.
3. 컵에 담고 아몬드 슬라이스를 위에 뿌린다.

우리 아이 성장지수는 얼마나 될까?

아래의 10가지 항목 중 우리 아이에게 해당하는 문항을 체크한다. 체크된 개수가 3개 이하면 성장지수 불합격, 4~7개는 노력 요망, 8개 이상이면 성장의 상태가 바람직하다.

- ☐ 잠을 11시 이전에 잔다.
- ☐ 하루 8시간 이상 충분히 숙면을 취한다.
- ☐ 잠잘 때는 바로 누워서 팔과 다리를 쭉 펴고 잔다.
- ☐ 수영, 농구, 배드민턴 등 스트레칭이 되는 운동을 한다.
- ☐ 아침에 일어나서 몸을 충분히 스트레칭 한다.
- ☐ 음식을 가리지 않고 골고루 잘 먹는다.
- ☐ 우유를 하루 500mL 이상 마신다.
- ☐ 단 음식, 인스턴트식품을 즐겨 먹지 않는다.
- ☐ 허리를 의자에 붙이고 바른 자세로 앉는다.
- ☐ 성격이 여유가 있고 스트레스를 잘 받지 않는다.

두뇌 발달

당질 · 불포화지방산 · 칼슘 섭취가 중요하다

아보카도 참깨 우유

+

'숲에서 나는 버터'라 불릴 정도로 지방이 풍부한 아보카도와 고소한 참깨를 우유와 함께 갈아 영양뿐만 아니라 맛도 좋다. 아보카도와 참깨는 모두 뇌세포의 발달을 돕는 불포화지방산이 풍부해 아이들 두뇌 계발에 좋다. 참깨는 요리 전 바로 갈아서 쓰는 것이 산화를 막는 방법이다.

아보카도 1개, 우유 ½컵, 검은깨 1큰술, 꿀 2작은술

1 잘 익어서 짙은 밤색을 띠는 아보카도를 준비해 반 갈라 껍질을 벗기고 씨를 뺀 후 적당한 크기로 자른다.
2 검은깨는 분마기에 곱게 갈아 준비한다.
3 아보카도와 우유를 함께 믹서에 넣고 곱게 간 후 꿀과 검은 참깨를 첨가해 잘 섞는다. 입맛에 따라 꿀을 조금 넣는다.

호두 검은콩 두유

+

아이의 두뇌 계발을 위해서는 뇌세포의 주요 구성물인 불포화지방산이 많이 들어 있는 호두를 충분히 먹는 것이 좋다. 호두는 불포화지방산 외에 비타민 E도 풍부한데, 비타민 E는 두뇌를 건강하게 하고 기억력에 영향을 미친다.

호두 4개, 불린 검은콩 ⅓컵, 물 ½컵, 꿀 2작은술

1 검은콩은 하룻밤 물에 담가 충분히 불린다.
2 호두는 불려서 속껍질을 벗겨낸다.
3 검은콩과 호두를 믹서에 넣고 물을 부어 곱게 간다. 입맛에 따라 꿀을 조금 넣는다.

현미 인삼 주스

인삼은 중추신경계의 조건반사를 형성하고 두뇌를 활성화시키는 작용을 해 머리를 많이 쓰는 수험생에게 특히 좋다. 비타민 B_1은 뇌 활동에 필요한 당질의 에너지 대사를 도우므로 비타민 B_1이 풍부한 현미를 함께 섞으면 효과가 더욱 좋아진다.

+

214kcal

비타민 B_1 0.15mg
비타민 E 1.49mg

현미 ⅓컵, 인삼 1뿌리, 물 1컵, 꿀 ½큰술

1 현미는 깨끗이 씻어 물에 1시간 정도 불린다.
2 인삼은 잔뿌리 사이사이의 흙을 솔로 깨끗이 씻어 물에 헹군다.
3 불린 현미와 인삼을 믹서에 넣고 물을 부어 곱게 간다. 꿀 ½큰술을 섞어 마신다.

두뇌 발달에 도움 되는 영양섭취법

영양이 결핍되면 학습능력이 떨어지고 집중력과 기억력이 감소된다. 두뇌 발달을 위해서라도 균형 잡힌 영양 섭취가 중요하다. 특히 하루의 활동을 시작하는 아침식사는 무엇보다 중요하다. 일본 큐슈대학 연구팀의 연구 결과에 의하면 포도당을 투여하고 학습을 시킨 결과 학습 효과가 향상된 것으로 나타났다.

① 뇌는 포도당을 받아들여 에너지로 사용한다. 포도당 공급원으로는 특히 쌀밥이 좋다. 단백질 신경전달물질의 원료가 된다.
② 비타민 E(토코페롤)는 두뇌를 젊게 유지시키고 기억력에 영향을 미친다. 두뇌 발달과 노화 방지에 좋은 비타민 E는 현미, 메주콩, 콩기름, 참기름, 아몬드, 땅콩 등에 들어 있다.
③ 비타민 B_6도 신경전달물질 합성에 관여해 기억력에 도움이 된다. 비타민 B_6가 풍부한 식품으로는 쇠고기, 달걀, 우유, 간 등이 있다.
④ 칼슘은 신경정보를 전달하고 뇌기능을 활성화시키는 역할을 한다. 멸치, 말린 새우, 해조류, 우유, 두부 등에 많다.
⑤ 불포화지방산의 일종인 DHA는 두뇌 발달을 돕고 기억력을 좋게 하는 성분으로 주목받고 있다. 고등어, 꽁치, 정어리 등 등푸른 생선의 기름에 들어 있는 것이 DHA 성분이다.

집중력 향상

비타민 A와 B_1이 뇌 기능을 활성화시킨다

대추 우유 주스

대추는 한방에서 다양하게 이용되는 건강식품이다. 비타민 A · C와 칼슘, 마그네슘 등의 미네랄이 풍부해서 피로와 정서불안, 노이로제 등에 효과가 있다. 우유와 함께 믹서에 갈아 꾸준히 마시면 맛도 좋고 정신력 · 집중력이 강해진다.

\+

129kcal

비타민 A 38.3RE
비타민 B_1 0.05mg

말린 대추 5개, 우유 ⅔컵, 꿀 ½큰술

1 대추는 물에 깨끗이 씻은 후 씨를 제거한다.
2 손질한 대추와 우유를 믹서에 함께 넣고 곱게 간다.
3 입맛에 맞게 꿀을 넣어 마신다.

당귀 검은콩 두유

여성 질환에 효과적인 당귀는 뇌세포의 숫자를 증가시켜주므로 성장기 어린이의 기억력을 좋게 하는 약재이기도 하다. 또한 두뇌활동을 활발하게 해 학생들의 집중력 강화에도 도움이 된다. 검은콩 역시 뇌 발달에 필요한 미네랄, 비타민 B군이 많아서 집중력 향상에 효과적이다.

\+

216kcal

비타민 B_1 0.21mg

당귀 50g, 검은콩 ⅓컵, 물 ½컵, 꿀 ½큰술

1 당귀는 도라지처럼 칼로 껍질을 긁어 손질한 후 물에 깨끗이 씻어 잘게 썬다.
2 검은콩은 깨끗이 씻어 물에 하룻밤 정도 충분히 불린다.
3 당귀와 불린 콩을 물과 함께 믹서에 간다. 기호에 따라 꿀을 타서 마신다.

로즈메리 당근 주스

로즈메리는 중추신경계에 작용해서 뇌 기능을 활성화시킨다. 공부하는 학생들이라면 비타민 A가 풍부한 당근과 함께 주스를 만들어 마시면 좋다. 심신의 피로를 없애고 뇌의 움직임을 활성화시켜 기억력 · 집중력을 높여준다.

+

73kcal

비타민 A 12.57RE
비타민 B_1 0.08mg

로즈메리 잎 3장, 당근 ½개, 레몬 ¼개, 물 ⅔컵, 꿀 2작은술

1 당근은 깨끗이 손질해 잘게 썬다.
2 레몬은 즙을 짠다.
3 믹서에 당근과 물을 넣고 함께 갈다가 레몬, 로즈메리 잎을 넣고 조금 더 갈아 고루 섞는다. 마지막에 꿀을 넣고 잘 젓는다.

집중력을 키우는 생활수칙

규칙을 정해 실천하게 한다

'공부는 책상에서', '식사는 식탁에서', '텔레비전 보는 시간은 몇 시', '잠자는 시간은 몇 시' 등 일상생활의 몇 가지 규칙을 정해두고 실천하게 한다.

조용한 분위기를 만들어준다

주변이 시끄러우면 집중력이 떨어진다. 큰 소리, 화난 목소리에 익숙해지면 아이는 작은 소리에 귀기울이거나 집중하는 능력을 키울 수 없게 된다.

신경을 분산시키게 하지 않는다

몇 가지 일을 한꺼번에 시키거나, 한 가지가 미처 끝나지 않았는데 새로운 것을 시키는 것은 좋지 않다.

좋아하는 일부터 열중하도록 한다

집중력을 키우기 위해서는 좋아하는 것부터 시작해야 한다. 좋아하는 일에 열중하다 보면 차츰 집중하는 시간이 길어져서 집중력과 지구력이 생긴다.

산만하지 않은 환경을 만들어준다

아이 방에 지나치게 많은 치장을 하거나 요란하게 꾸미는 것은 안정감을 해쳐서 집중하지 못하게 한다. 아이 방은 파스텔 톤으로 단순하면서도 아늑하게 꾸며주는 것이 좋다.

식사하며 텔레비전을 보지 않게 한다

늘 텔레비전을 켜둔 채 생활하는 것은 아이를 산만하게 해서 집중력을 키우는 데 방해가 된다. 특히 식사를 할 때는 텔레비전을 끄고 가족과 대화를 하면서 식사에만 몰두하게 한다.

아토피 개선

칼륨 등이 풍부한 알칼리성 식품이 좋다

감자 주스

감자는 칼슘과 칼륨, 비타민 C가 풍부한 알칼리성 식품이다. 날감자를 즙내어 꾸준히 마시면 체질 개선 효과가 있다. 특히 아토피나 비염 등 알레르기성 체질을 개선해주는 효능이 뛰어나다. 그러나 감자나 우유에 알레르기가 있는 사람은 피해야 한다.

감자 1개, 물 ½컵, 연유 1큰술

1 감자는 껍질을 벗기고 물에 헹군다.
2 적당한 크기로 잘라 물과 함께 믹서에 간다.
3 연유를 조금 타서 고루 섞는다.

삼백초 달인 음료

삼백초 잎으로 차를 만들어 마시면 아토피나 두드러기 등 각종 피부질환에 효과를 볼 수 있다. 풍부한 타닌 성분이 피부질환에 효과를 발휘하며, 이밖에 몸속의 중금속 및 유해물질을 결합해 소변으로 배출시키는 해독작용을 하기도 한다. 단, 삼백초에 알레르기가 있는 사람은 삼간다.

65kcal
비타민 C 0.75mg
칼륨 533.2mg

삼백초 잎 또는 줄기 15g, 물 3컵, 꿀 2작은술

1 삼백초 잎에 물 3컵을 붓고 색이 우러날 때까지 끓인다. 뿌리나 줄기를 사용할 때는 적당히 볶아서 물을 붓고 끓인다.
2 이것을 하루 분량으로 해서 3번에 걸쳐 나눠 마신다. 입맛에 안 맞으면 꿀을 조금 넣어도 된다.

상추 주스

심한 아토피에는 상추가 좋다. 상추는 피를 맑게 하는 정혈작용과 해독작용이 뛰어나 아토피, 습진 같은 각종 피부질환에 효과가 있다. 평소의 식사로 섭취하거나 과일 주스와 함께 주스를 만들어 꾸준히 마시는 것이 좋다.

130kcal

비타민 C 34mg
칼륨 497mg

상추 100g, 사과 주스 1컵, 꿀 ½큰술, 레몬즙 1작은술

1. 싱싱하고 잎이 푸른 상추 100g을 준비한다.
2. 상추는 깨끗하게 씻어 물기를 턴 후 적당한 크기로 뜯는다.
3. 손질한 상추를 믹서에 넣고 사과 주스 1컵을 부어 간다. 입맛에 따라 레몬즙이나 꿀을 넣는다.

아토피 질환 예방수칙

피부를 항상 청결하게 유지한다

목욕은 미지근한 물로 하고, 비누는 가능한 한 사용하지 않는다. 굳이 써야 할 경우엔 중성이나 약산성 비누를 쓴다.

꽉 끼는 옷 · 합성섬유는 피한다

아토피는 옷과 접하는 부분에서 더 심해지는 경향이 있으므로 꽉 끼는 옷은 피해야 한다. 옷은 부드럽고 땀 흡수나 통풍이 잘 되는 면제품을 입는다.

규칙적인 생활을 한다

일찍 자고 일찍 일어나는 등 일상생활의 리듬을 지키며 규칙적으로 생활한다. 저항력을 키우기 위해 가벼운 운동을 꾸준히 하는 것이 좋다.

깨끗한 환경이 필수다

집 먼지 진드기가 서식하지 않도록 집 안 환경을 깨끗이 유지한다. 담배연기나 각종 오염물질에 의해 알레르기 반응이 일어날 수 있으므로 가정에서는 금연을 하고, 아이가 예민하게 반응하는 물질과는 접촉하지 않도록 주의한다. 카펫을 깔거나 애완동물 기르는 것도 삼간다.

인스턴트식품, 패스트푸드를 금한다

식품첨가물이나 화학조미료가 들어간 음식, 인스턴트 식품은 아토피를 일으키기기 쉽다. 커피 · 홍차 · 술, 라면이나 햄버거 등도 아토피의 원인이 되므로 피한다.

정서 안정

비타민 C와 칼슘이 마음을 안정시킨다

파인애플 셰이크

파인애플에는 비타민 C와 B_1 · B_2 외에 구연산, 사과산, 주석산 등 유기산이 풍부해 머리를 맑게 해준다. 여기에 우유를 섞어 셰이크를 만들면 우유의 칼슘 성분이 신경을 누그러뜨려 아이들을 정서적으로 안정시켜준다.

132kcal
비타민 C 16.45mg
칼슘 205.9mg

파인애플 100g, 우유 ½컵, 연유 1큰술, 얼음 2~3개

1 파인애플은 껍질을 벗기고 딱딱한 심지를 도려낸 후 1cm 크기로 깍둑썰기 한다.
2 파인애플을 믹서에 곱게 간다.
3 파인애플 간 것에 우유와 연유, 얼음을 넣고 다시 한 번 돌린다.

배즙 대추 냉차

+

비타민 A와 C 외에 칼슘, 마그네슘 등의 미네랄이 풍부한 대추는 신경을 누그러뜨리는 작용이 있어 예민하고 신경질적이며 성격이 급한 아이들에게 더없이 좋다. 칼슘이 풍부한 우유 역시 마음을 안정시켜 주므로 신경이 예민한 학생들에게 도움이 된다.

78kcal
비타민 C 6mg
칼슘 9.4mg

배 ½개, 말린 대추 4개, 물 ½컵

1 배와 말린 대추를 준비해 깨끗이 씻어둔다.
2 배는 껍질을 벗기고 속과 씨를 도려낸 뒤 적당한 크기로 잘라 대추와 함께 믹서에 간다.
3 물 ½컵을 넣어 한 번 더 돌린다.

레몬 사과 주스

마음을 차분하게 가라앉히는 데는 사과만큼 좋은 것이 없다. 사과 껍질을 실내에 두면 신경이 안정되는 테라피 효과도 있다. 사과에는 또 비타민 A뿐 아니라 사과산, 구연산 등 유기산이 풍부해 피로 해소와 정서적 안정감을 유도한다.

+

157kcal
비타민 C 50.24mg
칼슘 39.16mg

레몬 ½개, 사과 1개, 물 ½컵, 꿀 ½큰술

1 레몬은 반 갈라 즙을 짠다.
2 사과는 껍질을 벗기고 씨를 제거한 뒤 적당한 크기로 잘라 믹서에 넣고 물 ½컵을 부어 곱게 간다.
3 사과 간 것에 레몬즙을 섞고 꿀을 넣어 잘 섞는다.

셀러리 당근 주스

셀러리의 독특한 향에는 신경을 안정시키고 피로를 풀어주는 효과가 있다. 정서적으로 불안하고 주위가 산만한 아이라면 셀러리를 꾸준히 먹이는 것도 좋다. 당근을 함께 갈아 마시면 영양적으로 보완되고 맛도 좋다.

+

77kcal
비타민 C 21.5mg
칼슘 104.7mg

셀러리 50g, 당근 1개, 물 ½컵, 레몬즙 2작은술

1 당근은 껍질을 벗기고 셀러리는 깨끗이 씻어 각각 적당한 크기로 자른다.
2 당근과 셀러리를 믹서에 넣고 물과 함께 곱게 간다.
2 레몬즙을 2작은술 정도 뿌려 마신다.

시력 보호

비타민 A와 B군을 충분히

결명자 참깨 주스

눈을 맑게 해준다고 해서 '결명(決明)'이라고 이름 붙여졌다는 결명자는 눈의 피로에 탁월한 식품이다. 눈의 피로가 계속될 때 결명자를 꾸준히 먹으면 시력 약화를 막을 수 있다. 참깨 역시 눈에 좋은 작용을 하므로 함께 먹으면 좋다.

529kcal

비타민 B_2 0.39mg

결명자 30g, 참깨 50g, 두유 1컵, 꿀 2작은술

1. 참깨는 결명자와 함께 분마기로 곱게 가루 낸다. 방앗간에서 한꺼번에 빻아 놓으면 더 좋다.
2. 곱게 가루 낸 참깨, 결명자를 두유에 잘 섞어서 마신다. 꿀을 조금 넣으면 맛이 좋다.

근시를 예방하는 생활습관

책 읽는 자세를 바르게 한다

근시를 예방하려면 먼저 책을 읽는 자세를 바르게 해야 한다. 엎드리거나 누워서 책을 보면 눈과 책의 거리가 너무 가까워지므로 책은 책상에 앉아서 보는 것이 좋다. 책과 눈과의 거리는 35~40cm 정도가 적당하다.

어둡지 않은 곳에서 책을 본다

어두운 곳에서 책을 읽는 것도 삼가야 한다. 어두운 곳에서는 책을 잘 보기 위해 역시 가까이 보게 되기 때문이다.

가끔 눈에 휴식시간을 준다

50분 일을 한 다음에는 5분이라도 눈을 쉬도록 한다. 눈은 가까운 곳을 볼 때 홍체를 조절하게 되므로 50분간 책을 읽었다면 5분간은 먼 곳을 쳐다보며 조절근육을 이완시켜주면 휴식이 된다.

균형 잡힌 식사를 한다

영양이 부족해서 근시가 생기는 경우가 있는 만큼 반찬을 골고루 먹어 충분한 영양을 섭취하는 것도 눈 건강에 빼놓을 수 없는 요소이다.

피망 토마토 당근 주스

+

+

눈 건강에 가장 중요한 영양소는 비타민 A와 B군이다. 비타민 A가 부족하면 야맹증과 각막건조증 같은 질환이 생기기 쉽고, 비타민 B군이 부족하면 시신경의 약화를 가져올 수 있다. 이들 영양소가 풍부한 피망과 토마토에 당근을 더해 주스를 만들어 마시면 피로 해소와 눈 건강에 더욱 좋다.

피망 1개, 토마토 1개, 당근 ½개, 물 ⅓컵, 꿀 ½큰술

1. 피망은 반으로 갈라 속을 긁어낸 후 잘게 썰고, 당근은 껍질을 벗기고 적당히 썬다.
2. 토마토는 끓는 물에 넣고 살짝 굴려 껍질을 벗긴 뒤 적당한 크기로 자른다.
3. 피망과 토마토, 당근을 믹서에 넣고 물을 부어 곱게 간 후 꿀을 조금 섞는다.

블루베리 주스

블루베리는 시력이 약해지기 쉬운 학생, PC 작업을 오래 하는 직장인들에게 더할 나위 없는 보약이다. 비타민 A 외에 안토시아닌이 풍부한데, 이 성분이 눈의 각막 신호를 전달하는 데 도움을 준다. 근시나 노안 모두에 효과가 크다.

블루베리(냉동) 70g, 우유 ⅔컵

1. 냉동 블루베리를 실온에 두어 해동시킨 후 우유와 함께 믹서에 곱게 간다.
2. 블루베리 생 열매로 주스를 만들 경우 꿀을 조금 첨가한다.

패스트푸드 금하고 섬유질 식품을

고구마 라테

고구마에는 셀룰로오스라고 하는 섬유질이 풍부한데, 이것이 배설을 촉진하는 작용을 한다. 칼륨도 풍부해서 불필요한 염분을 소변으로 배출시켜주기도 한다. 고구마는 밥보다 칼로리가 적으면서 위에 머무는 시간이 길어 배고픔도 덜 느낀다. 또한 풍부한 식물성 섬유가 장의 움직임을 활발하게 해 변비를 해소하므로 비만아에게 안성맞춤이다.

336kcal
칼륨 970.3mg
식이섬유 1.46g

고구마 1개, 우유 1컵, 아몬드 ½큰술

1. 고구마는 껍질을 벗기고 잘라 찜통이나 전자레인지에 찐다.
2. 우유를 전자레인지에 따뜻하게 데운 후 찐 고구마와 함께 믹서에 간다.
3. 컵에 담은 후 아몬드를 잘게 부수어 위에 뿌린다.

팥 검은콩 두유

\+

팥은 이뇨작용이 뛰어나 체내의 불필요한 수분을 배출시킨다. 따라서 체내에 과잉 수분이 쌓여 지방이 쉽게 축적되어 살이 찌는 아이들에게 효과적이다. 또한 팥과 검은콩 모두 비타민 B_1이 풍부해 소화흡수율을 높여준다.

179kcal
칼륨 689mg
식이섬유 2.5g

불린 팥 ¼컵, 불린 검은콩 ¼컵, 물 ⅔컵

1. 팥과 검은콩을 같은 비율로 준비한다.
2. 팥은 솥이나 압력솥에 푹 삶아 으깨어 체에 곱게 내린다.
3. 검은콩은 물에 불린 후 삶아서 믹서에 곱게 간다.
4. 체에 내린 팥과 믹서에 간 검은콩을 잘 섞어서 마신다. 꿀을 조금 넣어 먹어도 좋다.

멜론 요구르트 주스

멜론은 칼륨이 풍부해 이뇨작용을 돕고 신진대사를 활발하게 한다. 여기에 정장작용이 뛰어난 요구르트를 섞으면 소화력이 좋아져 변을 순조롭게 볼 수 있다. 물살이 찌는 아이는 멜론과 요구르트를 섞어서 주스를 만들어 마시면 좋다. 이때 요구르트는 달지 않은 플레인 요구르트를 사용한다.

\+

멜론 200g, 플레인 요구르트 ⅓컵

1 멜론은 껍질을 벗긴 후 속의 씨를 긁어내고 적당한 크기로 자른다.
2 믹서에 멜론을 넣고 플레인 요구르트를 부은 후 함께 간다.

소아비만의 식이요법

갑자기 식사량을 많이 줄이거나 굶기면 안 된다

아이들은 평소 섭취량보다 20~30% 낮은 수준의 칼로리를 섭취하면서 균형 잡힌 식사를 하도록 하는 것이 무엇보다 중요하다. 골고루 먹어서 아이의 성장에 수적인 여러 가지 영양소가 결핍되지 않게 하는 것도 중요하다.

하루 세 끼 식사를 규칙적으로 먹어야 한다

아침, 점심, 저녁의 비율은 3 : 5 : 2로 한다. 식사를 불규칙하게 하게 되면 우리 몸은 비상시를 대비해 에너지를 저장하려는 시스템이 작동해 체지방을 늘리게 된다.

저칼로리 간식을 준비한다

폭식을 하지 않으려면 식사와 식사 사이에 가벼운 간식을 먹는 것이 좋다. 간식은 지방, 탄수화물로 이루어진 음식보다 우유, 유제품, 칼로리가 높지 않은 과일, 무가당주스, 야채 위주로 주도록 한다.

기름을 적게 사용하는 조리법이 좋다

조리할 때도 튀기는 방법 대신에 부치거나 굽는 방법이 체중감량에 도움이 된다. 보통 우유 대신 저지방 우유를, 쇼트닝 대신 식물성 기름을 쓰는 것도 한 방법이다. 간이 짜고 매운 것도 금물. 식사 후에는 곧 바로 이를 닦아 자꾸 군것질을 하지 않도록 한다.

알아두세요

내게 좋은 주스 따로 있다

체질별 건강주스

태양인, 태음인, 소양인, 소음인 등 4가지 체질별로 신체적 특징이나 성격이 다르듯 건강상태도 다르다. 체질에 따라 약한 기관을 보완해주고 특별히 조심하면 건강을 지킬 수 있다. 내 체질에 맞는 주스, 어떤 것이 좋을까?

태양인

상체가 발달되고 눈은 빛나며 광대뼈가 나온 사람이 많다. 성격이 직선적이면서도 감정 기복이 있으며, 자기주장이 강하고 리더십이 뛰어나 조직의 우두머리에 있는 경우가 많다. 대체적으로 살이 찌는 편은 아니지만 간혹 뚱뚱한 사람도 있다. 심폐가 잘 발달해 있어 만사에 매우 치밀한 성격이나 신장이 약하고 흡수 · 소화기능이 좋지 않으므로 주의해야 한다.

신경을 안정시키는 대추 우유 드링크

태양인은 성질이 불같아서 걷잡을 수 없는 분노가 일거나 화를 내는 경우가 많다. 이럴 때 대추는 분노를 다스리고 신경을 안정시켜주는 역할을 한다.

▶ 말린 대추 5개를 우유 ⅔컵과 함께 곱게 갈아서 꿀을 타서 마신다.

간을 보호해주는 매실 주스

태양인은 폐의 기운이 좋은 반면 간의 기능이 약한 경우가 많다. 따라서 간을 보호해주는 차를 마시는 것이 좋다. 매실에 함유되어 있는 피크린산은 담즙 분비를 원활하게 해주는 작용이 있어 간 기능이 약한 태양인들이 마시면 좋다.

▶ 찻잔에 매실장아찌 1개와 매실청 1작은술을 넣고 끓인 물을 부어 맛과 향을 우러나게 한 다음 마신다.

혈압을 낮춰주는 솔잎 주스

태양인은 양의 기운은 강하고 음의 기운은 약하다. 양의 기운이 강한 사람은 뇌혈관 질환에 걸릴 가능성이 높다. 솔잎에 함유된 정유 성분이 콜레스테롤을 줄여주고 말 혈관을 확장시키는 작용을 하므로 고혈압이 걱정되는 태양인은 솔잎차를 꾸준히 마시는 것이 좋다.

▶ 어린 솔잎을 깨끗이 씻어 설탕 시럽에 1주일 정도 재어두었다가 끓는 물 1컵에 솔잎 시럽 1큰술을 넣고 잘 저어서 마신다.

태음인

대부분 골격이 크고 뚱뚱한 사람이 많다. 좀처럼 속을 알 수 없어 감정의 변화가 외부로 잘 표출되지 않고, 굳은 의지를 가지고 목표를 향해 나가는 경향이 있다. 건강 면에서는 유해물질을 해독하는 간장의 기능이 다른 체질보다 강한 편이다. 술이나 담배, 커피 등 기호식품을 다 좋아하고 가슴이 답답하고 잘 두근거리는데 피곤하면 심폐기능이 약해져서 잘 붓게 된다.

감기 · 소화기 질환을 다스리는 도라지 주스

감기에 잘 걸리고 소화기가 약한 태음인에게는 천식이나 기관지염, 편도선염 등에 좋은 도라지가 잘 어울린다. 도라지는 담배를 많이 피워 폐 기능이 약화되었거나 폐 질환이 있는 사람에게도 효과가 있다.

▶ 도라지 100g과 배 ½개를 ⅓컵의 물과 함께 곱게 갈아 꿀을 타서 마신다. 따뜻하게 데워 마셔도 좋다.

간 기능 강화 · 혈액순환에 좋은 시금치 감 주스

녹황색 채소에는 손상된 간세포의 회복에 좋은 비타민 A와 C가 풍부하고, 감은 간의 해독작용을 왕성하게 하는 데 도움을 주므로 후천적으로 간 기능이 약화될 우려가 있는 태음인에게 알맞다. 혈중 콜레스테롤을 제거하는 효과도 있다.

▶ 시금치 100g과 감 ½개를 우유나 물과 함께 곱게 갈아 레몬즙을 타서 마신다.

비만을 예방하는 오이 멜론 주스

태음인은 덩치가 좋거나 살이 찐 체형을 가지고 있다. 체내의 수분대사가 좋지 못해 물살이 찌거나 부기가 있는 편인데, 이런 체형의 태음인은 오이를 자주 먹으면 부기가 빠지면서 비만이 개선되고 체질 개선 효과까지 기대할 수 있다.

▶ 오이 1개와 오이의 반에 해당하는 멜론을 물 ½컵과 함께 곱게 갈아 마신다. 오이만으로 주스를 만들어 마셔도 좋다.

소양인

상체는 잘 발달되었으나 하체가 약하여 걸음걸이가 빠르고 성격이 급하다. 판단력이 빠르고 재치가 있으며 순발력이 좋다. 민첩하고 경쾌해 보이지만 경솔해 보일 수도 있다. 건강 면에서는 위장 기능은 강한 반면 비뇨 · 생식 기능이 약해 배설, 성 기능이 저하되어 있다. 소양인 체질인 사람은 화기가 강하므로 인삼이나 꿀, 커피, 자극적인 음식을 피하는 게 좋다.

신장 기능을 튼튼히 하는 팥 검은콩 두유

소양인들은 몸에 열이 많아 소변 보기가 어렵고 변비에 잘 걸린다. 팥과 검은콩은 이뇨작용을 돕고 변통을 좋게 하므로, 소화 기능은 좋지만 신장 기능이 약해 소화기 질환이 잘 발생하는 소양인들의 신장 기능 강화에 좋다.

▶ 팥과 검은콩을 같은 비율로 푹 삶아서 곱게 갈아 마신다.

부종 · 방광염 치료에 좋은 피망 토마토 주스

토마토의 풍부한 칼륨은 혈압을 내려주고 기분을 안정시키며, 파프리카의 비타민 C는 열을 다스려준다. 성격이 다혈질이며 업무 스트레스로 혈관질환에 걸리기 쉬운 소양인에게 좋다.

▶ 토마토의 껍질을 벗기고 피망을 적당한 크기로 잘라 오렌지 주스와 함께 믹서에 갈아 마신다.

비뇨생식기 계통을 보해주는 산수유 주스

소양인은 상체가 건실하고 하체가 빈약하며, 비위장 계통은 좋은 반면 비뇨생식기 기능이 약한 편이다. 따라서 신장을 튼튼하게 하고 생식 기능을 좋게 하는 산수유가 소양인에게 알맞다. 자양강장에 좋은 산수유차를 꾸준히 마시면 성기능 회복에 도움이 된다.

▶ 산수유 200g을 분마기에 갈아 씨를 발라내고 즙만 걸러 물 ½컵에 타서 마신다.

소음인

융통성이 적고 내성적이며 소심한 성격으로 소양인과 더불어 한국인들에게 가장 많다. 외형상으로는 상하의 균형이 잘 잡혀 있고 체구는 작은 편. 소음인은 체질이 냉하여 소화가 잘 안 되고 입이 짧으며 잔병치레가 많은 편이다. 육체적으로나 정신적으로 무리했을 경우 위장 질환이나 신경성 질환이 오기 쉬우므로 늘 건강에 주의해야 한다.

설사를 멎게 하고 변통을 좋게 하는 사과 주스

소음인은 장이 약해 설사를 자주 하고 대변이 고르지 못하다. 사과의 펙틴 성분이 장내 유익한 균을 생성하여 장을 튼튼하게 해주고 설사를 완화시키는 데 효과가 있다.

▶ 사과 1개를 물 ⅔컵과 갈아 꿀을 타서 마신다.

추위를 이기게 하는 인삼 주스

원기회복 기능이 탁월한 인삼은 기운이 없고 추위를 잘 타며, 허약 체질인 소음인에게 가장 큰 효과가 있다. 인삼은 혈액순환을 개선시켜주며 쌉쌀한 맛이 입맛을 돋우는 효과도 있다.

▶ 인삼 1뿌리를 우유 1컵과 함께 갈아 꿀을 타서 마신다.

심장을 튼튼하게 하는 생강 계피 주스

소음인은 몸이 약하여 얼굴빛이 늘 창백하고 손발이 차가운 경향이 있다. 혈액순환이 잘 안 되며 심장이 약한 특징도 보인다. 생강 계피 주스를 마시면 혈색이 좋아지고 심장이 튼튼해진다.

▶ 생강을 물 ⅔컵과 함께 곱게 간 후 계핏가루를 타서 마신다.

Index

가나다순

가시오갈피 냉차 25
감 주스 103
감자 주스 134
결명자 참깨 주스 111, 138
고구마 라테 73, 140
구운 마늘 드링크 117
귤 주스 16
녹차 라테 52
다시마 현미 드링크 39
당귀 검은콩 두유 81, 132
당근 요구르트 주스 72
대추 우유 주스 108, 132
도라지 배 주스 20
돌나물 당근 주스 100
두릅 요구르트 주스 26
두릅 주스 45
따뜻한 매실 음료 105
딸기 주스 61, 66
레몬 사과 주스 96, 137
레몬 생강 주스 18
레몬 주스 60
로즈메리 당근 주스 48, 133
마 주스 35, 124
마늘 요구르트 주스 98
망고 주스 64
매실 레몬 스쿼시 50, 114
매실 사과 주스 96
매실 사프란 주스 26
멜론 요구르트 주스 141
멜론 우유 주스 68, 72
멜론 주스 102
멜론 키위 주스 23
무 양배추 주스 112
무 연근 주스 29
무 주스 34
미나리 당근 주스 24, 78
미나리 포도 주스 82
바나나 요구르트 주스 112, 128
밤 고구마 주스 129
배 연근 주스 20
배 주스 17
배즙 대추 냉차 41, 136
복숭아 주스 64
부추 당근 주스 80
브로콜리 양배추 주스 47, 126
브로콜리 주스 28
브로콜리 토마토 주스 30
블루베리 주스 110, 139
사과 요구르트 주스 73
사과 주스 104
사과 포도 주스 53
산딸기 주스 99
산마 인삼 주스 98
산수유 주스 99
살구 주스 21
삼백초 달인 음료 134
상추 민트 주스 70
상추 주스 135
생강 계피 주스 83
생고구마 주스 31
석류 요구르트 주스 86
석류 주스 86
셀러리 당근 주스 137
셀러리 브랜디 71
셀러리 토마토 주스 76
솔잎 주스 22, 44, 80
수박 주스 43
수삼 냉 두유 125
시금치 감 주스 101
시금치 당근 주스 79
시금치 바나나 주스 105
시금치 요구르트 주스 38
시금치 키위 주스 85
신선초 셀러리 주스 100
쑥 브랜디 핫 드링크 82
쑥 주스 81
쑥갓 주스 114
아보카도 브로콜리 주스 37
아보카도 우유 스무디 65, 128
아보카도 참깨 우유 130
아스파라거스 주스 23, 95
알로에 주스 44, 68, 113
양배추 감자 주스 113
양배추 주스 75
양상추 우유 주스 85
양파 주스 32
연근 검은콩 두유 87
연근 당근 주스 25, 104
연근 요구르트 주스 109
오렌지 주스 48, 63, 66
오이 당근 비트 주스 22
오이 멜론 주스 74
오이 무 주스 69
오이 토마토 주스 77
완두콩 주스 32
유자 주스 19
인삼 주스 24, 94
자두 주스 79, 84
차조기 주스 71
천마 우유 주스 27
칡 주스 51, 103
케일 주스 111
키위 주스 115
토마토 감자 주스 46
토마토 수박 주스 102
토마토 주스 116
파인애플 망고 스무디 106
파인애플 셰이크 136

파인애플 주스 34
파인애플 파파야 주스 62
파파야 오이 주스 67
파파야 주스 117
파프리카 요구르트 주스 46
파프리카 키위 주스 67
팥 검은콩 두유 40, 140
포도 주스 97
표고버섯 다시마 두유 53
피망 주스 110
피망 토마토 당근 주스 139
피망 토마토 주스 107
해바라기씨 두유 38
현미 인삼 주스 49, 131
호두 검은콩 두유 130
호박 당근 주스 36
호박 라테 78, 127
호박 주스 33, 42
호박 케일 주스 37

재료별

가시오갈피 25
감 101, 103
감자 46, 113, 134
검은콩 40, 53, 81, 87, 130, 132, 140
결명자 111, 138
계피 83
고구마 31, 73, 129, 140
귤 16
녹차 52
다시마 39, 53
당귀 81, 132
당근 22, 24, 25, 36, 48, 72, 78, 79, 80, 100, 104, 133, 137, 139
대추 41, 108, 132, 136
도라지 20
돌나물 100
두릅 26, 45
딸기 61, 66
레몬 18, 50, 60, 96, 114, 137
로즈메리 48, 133
마 35, 124
마늘 98, 117
망고 64, 106
매실 26, 50, 96, 105, 114
멜론 23, 68, 72, 74, 102, 141
무 29, 34, 69, 112
미나리 24, 78, 82
민트 70
바나나 105, 112, 128
밤 129
배 17, 20, 41, 136
복숭아 64
부추 80
브로콜리 28, 30, 37, 47, 126
블루베리 110, 139
비트 22
사과 53, 73, 96, 104, 137
사프란 26
산딸기 99
산마 98
산수유 99
살구 21
삼백초 134
상추 70, 135
생강 18, 83
석류 86
셀러리 71, 76, 100, 137
솔잎 22, 44, 80
수박 43, 101, 102, 105, 125
시금치 38, 79, 85
신선초 100
쑥 81, 82
쑥갓 114
아보카도 37, 65, 128, 130
아스파라거스 23, 95
알로에 44, 68, 113
양배추 47, 75, 112, 113, 126
양상추 85
양파 32
연근 20, 25, 29, 87, 104, 109
오렌지 48, 63, 66
오이 22, 67, 69, 74, 77
완두콩 32
유자 19
인삼 24, 49, 94, 98, 131
자두 79, 84
차조기 71
참깨 111, 130, 138
천마 27
칡 51, 103
케일 37, 111
키위 23, 67, 85, 115
토마토 30, 46, 76, 77, 102, 107, 116, 139
파인애플 34, 62, 106, 136
파파야 62, 67, 117
파프리카 46, 67
팥 40, 140
포도 53, 82, 97
표고버섯 53
피망 107, 110, 139
해바라기씨 38
현미 39, 49, 131
호두 130
호박 33, 36, 37, 42, 78, 127
흰콩 38

• 리스컴이 펴낸 책들 •

대한민국 대표 요리책

한복선의 엄마의 밥상

최고의 요리전문가 한복선 선생님이 알려주는 엄마 손맛의 비결. 별미반찬, 국·찌개·전골, 한 그릇 한 끼, 우리 집 별식, 김치·장아찌·피클 등 일상요리가 다 들어 있다. 반찬 만들기 기본 테크닉 등도 자세히 소개되어 있다.

한복선 지음 | 280쪽 | 210×265mm | 13,000원

먹을수록 건강해지는 우리 음식

나물이 좋다

기본 나물부터 향토 나물까지 다양한 나물 레시피 78가지를 담았다. 생채와 겉절이, 살짝 데쳐 무치는 무침나물, 양념해 볶는 볶음나물, 나물로 만드는 별미요리 등이 있다. 사계절 제철 나물과 고르기, 손질 요령 등도 정리했다.

리스컴 편집부 | 136쪽 | 210×265mm | 9,800원

바쁜 직장인에게 꼭 맞춘 일주일 식단

매일매일 맛있는 집밥

경제적이고 풍성한 식탁을 위한 요리 가이드북. 일 년 동안 먹을 수 있는 370여 가지 요리가 담겨 있다. 월별로 파트를 나누어 봄·여름·가을·겨울에 어울리는 제철 식품으로 만든 다양한 요리를 소개한다. 요일별로 아침, 저녁 식단이 있어 반찬 걱정 없이 고른 영양 섭취를 할 수 있다.

손성희 지음 | 288쪽 | 210×265mm | 14,000원

시간은 아끼고 영양은 높이고

5분 아침 식탁

아침밥을 챙기기 어려운 바쁜 현대인들을 위한 간단 아침식사 31가지. 여자영양대학의 교수진이 레시피를 개발해 영양 균형까지 고려했다. 미리 준비하면 좋은 채소 저장식, 가공식품, 소스 등도 함께 넣었다.

여자영양대학 지음 | 120쪽 | 180×230mm | 12,000원

로푸드 다이어트 레시피 103

로푸드 디톡스

로푸드는 체내의 독소를 제거하고 면역력을 높여 자연스럽게 다이어트까지 이어지도록 한다. 로푸드 레시피 103개와 주스 펄프 사용법, 활용도 만점 드레싱 등 응용 레시피도 수록돼 있어 로푸드가 낯선 사람도 어렵지 않게 시작할 수 있다.

이지연 지음 | 216쪽 | 210×265mm | 12,000원

우리집에 꼭 필요한 생활요리 대백과

한복선의 우리음식

신세대 주부들도 쉽게 따라 할 수 있는 한국 전통음식 교과서. 가정요리, 명절음식, 궁중음식, 향토음식, 건강요리, 김치·장아찌 등 기본에 충실하면서도 실용적인 요리가 가득 담겨 있다.

한복선 지음 | 304쪽 | 210×255mm | 15,000원

우리 식탁엔 우리 음식

일주일 밑반찬 사계절 장아찌

주부들의 반찬 고민을 덜어주는 밑반찬 요리책. 장조림, 마른반찬, 깻잎장아찌 등 대표 밑반찬과 슬로푸드 장아찌, 새콤달콤한 피클, 입맛 살리는 젓갈 75가지가 담겨 있다. 만들기 쉽고, 전통의 맛을 살린 레시피가 가득하다.

최승주 지음 | 144쪽 | 210×265mm | 9,800원

바쁜 현대인을 위한 스피드 & 영양만점 레시피

후다닥 간단 밥상

후다닥 만들어 즐길 수 있는 요리들을 모은 책. 손님상, 다이어트식, 간식 등 싱글남녀와 맞벌이 부부에게 유용한 184가지 영양만점 레시피와 요리 노하우가 담겨 있다.

김경미 지음 | 224쪽 | 190×245mm | 13,000원

가벼운 한 끼

다이어트 샐러드

당당한 한 끼 식사로 대접받고 있는 샐러드. 채소나 과일로 만드는 기본 샐러드 외에 고기, 생선, 두부, 해초, 시리얼 등을 사용해 단백질과 지방, 탄수화물을 공급하는 업그레이드 샐러드를 선보인다. 또 샐러드를 빵 사이에 끼워 만드는 응용 샌드위치 10가지도 함께 담았다.

박선영 지음 | 160쪽 | 210×260mm | 9,800원

맛있는 다이어트

닭가슴살 요리 60

샐러드, 구이, 한 그릇 요리, 도시락 등 쉽고 맛있는 닭가슴살 요리 60가지를 소개한 책. 김밥, 전, 파스타 등 인기 메뉴부터 개성 만점 별미 메뉴까지 소개해 다양한 맛을 즐길 수 있다.

이양지 지음 | 144쪽 | 210×265mm | 11,500원

간편한 도시락은 다 모였다!

김밥·주먹밥·샌드위치

만들기 쉽고, 먹기 편한 도시락 메뉴 78가지를 소개한 책. 김밥, 주먹밥, 초밥, 캘리포니아 롤, 샌드위치 등이 모두 들어 있다. 밥 짓기, 양념하기, 김밥 말기, 배합초 버무리기 등 기초 테크닉도 꼼꼼하게 알려준다.

최승주 지음 | 184쪽 | 190×245mm | 12,000원

촉촉하고 부드럽게, 건강하고 실속 있게

프렌치토스트 & 핫 샌드위치

한 끼 식사로, 간식으로 좋은 프렌치토스트와 핫 샌드위치 64가지를 소개한다. 정통 레시피부터 색다른 맛, 든든한 한 끼, 시판 음식을 이용한 레시피까지 간단하고 맛있는 메뉴가 가득하다. 토핑과 속재료가 한눈에 들어와 누구나 쉽게 만들 수 있다.

미나구치 나호코 지음 | 112쪽 | 180×230mm | 11,200원

미니오븐으로 시작하는

쿠키·빵·케이크

초보자를 위한 미니오븐 베이킹 레시피 50가지. 바삭한 쿠키와 담백한 스콘, 다양한 머핀과 파운드케이크, 폼 나는 케이크와 타르트, 누구나 좋아하는 인기 빵까지 모두 담겨 있다. 베이킹을 처음 시작하는 사람에게 안성맞춤이다.

고상진 지음 | 144쪽 | 210×256mm | 12,000원

행복하게 요리하고 유쾌하게 먹자!

악마의 레시피

빵과 밥, 고기 등 다양한 재료를 듬뿍 넣어 먹음직한 요리를 완성하는 '악마의 레시피'가 담긴 요리책. 푸짐한 고기 요리, 맛깔나는 밥 요리, 달달한 디저트와 같은 침샘 자극 레시피를 만나보자.

다가 마사코·에다모토 나호미 지음 | 104쪽 | 170x230mm | 10,000원

몸속은 깨끗해지고 면역력은 높아진다

과일 효소 디톡스 레시피

만들기 쉽고 쓰임새 많은 과일 효소 14가지와 효소 이용 요리법. 효소 만드는 법과 발효 모습을 사진으로 자세히 보여줘 누구나 쉽게 만들 수 있다. 음료, 샐러드, 반찬, 밥·국수, 디저트 등 효소를 사용한 요리와 남은 과육으로 셰이크, 잼, 파운드케이크 등을 만드는 방법도 알려준다.

쇼지 이즈미 지음 | 120쪽 | 190×245mm | 11,200원

후다닥 만들어 럭셔리하게 즐긴다

홈메이드 샌드위치 74가지

초보자들도 쉽게 만들 수 있는 메뉴부터 전문점 못지않은 럭셔리한 종류까지 74가지의 다양한 샌드위치를 스피드 샌드위치, 럭셔리 샌드위치, 전문점 인기 샌드위치 등으로 나누어 소개한 책.

안영숙 지음 | 140쪽 | 190×260mm | 8,500원

인기 디저트 카페의 스위트 레시피

달콤한 나의 디저트

분위기 좋은 카페와 맛있는 디저트를 소개하는 책. 디저트 카페의 주소, 찾아가는 방법, 영업시간, 메뉴에 대한 정보와 인기 디저트의 레시피를 공개해서 카페를 제대로 즐길 수 있도록 도와준다.

이미리 지음 | 184쪽 | 170×230mm | 12,000원

천연 효모가 살아있는 건강 빵

천연발효빵

맛있고 몸에 좋은 천연발효빵을 소개한 책. 단순한 홈베이킹의 수준을 넘어 건강한 빵을 찾는 웰빙족을 위해 과일, 채소, 곡물 등으로 만드는 천연 발효종 20가지와 천연 발효종으로 굽는 건강빵 레시피 62가지를 담았다.

고상진 지음 | 200쪽 | 210×275mm | 13,000원

재미있고 신나게 요리하며 공부해요

조물조물 뚝딱뚝딱 어린이 요리

생각을 키우고 오감을 발달시키며 요리에 대한 흥미를 키우는 어린이 요리 책. 이 책에서는 아동요리지도사, 엄마 아이와 요리하고 싶은 엄마를 위해 과학, 수학, 미술, 영어 등과 연계한 45가지의 요리를 소개한다.

이지은 지음 | 136쪽 | 210×275mm | 11,200원

알면 알수록 특별한 술

와인 & 스피릿

포도 품종과 지역별 특징, 고르는 법, 라벨 읽는 법, 마시는 법까지 와인의 모든 것을 자세히 알려주는 지침서. 소믈리에가 추천한 100가지 와인 리스트는 초보자도 와인을 성공적으로 고를 수 있도록 도와준다. 비즈니스에서 빼놓을 수 없는 양주에 대해서도 알려준다.

김일호 지음 | 216쪽 | 152×225mm | 12,000원

• 리스컴이 펴낸 책들 •

수납부터 가구배치까지… 인테리어 아이디어 50

좁은 집 넓게 쓰는 정리의 기술

좁은 집, 좁은 방을 좀 더 넓게 쓰고 싶은 사람을 위한 인테리어 책. 인테리어 전문가인 저자가 실제 사례를 바탕으로 집 안을 넓고 예쁘게 바꾸는 방법 50가지를 제안한다. 정리정돈부터 가구배치, 소품배열 등 인테리어 테크닉이 가득 담겨 있다.

카와카미 유키 지음 | 136쪽 | 170×220mm | 12,000원

좁은 집 넓게 쓰는 인테리어 아이디어 54

집안을 확 바꾸는 수납의 기술

집 안을 어지럽히는 물건들을 쉽고 효율적으로 정리하는 수납 아이디어 북. 인테리어 전문가인 저자가 실제 사례를 바탕으로 다양한 상황에 적용할 수 있는 수납의 기술을 알려준다. 수납 방법을 한눈에 알 수 있는 그림이 특징이다.

카와카미 유키 지음 | 136쪽 | 170×220mm | 11,200원

가구, 소품, 패브릭으로 예쁘고 편리하게

이케아 스타일 인테리어

심플하고 실용적인 디자인의 이케아 가구, 소품, 패브릭으로 집 안을 개성 있고 살기 편하게 꾸민 집들을 소개한다. 예쁘고 정돈된 집, 소품으로 포인트를 준 집, 패브릭으로 개성을 살린 집, 꿈이 가득한 아이 방 등 아이디어들이 가득하다.

이예린 옮김 | 128쪽 | 210×275mm | 12,000원

내가 살고 싶은 집, It's IKEA style!

북유럽 디자인 + 이케아로 꾸민 집

심플하고 기능적인 이케아 제품으로 꾸민 북유럽 스타일의 인테리어 책. 가구에서부터 소품, 수납까지 이케아만의 아이디어와 센스가 듬뿍 담겨 있다. 살기 편하고 개성 넘치는 인테리어 감각을 배울 수 있다.

이예린 옮김 | 120쪽 | 210×275mm | 12,000원

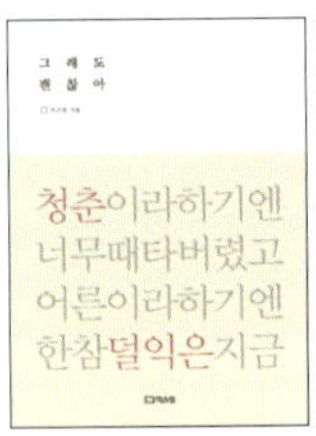

우근철 위로 에세이

그래도 괜찮아

100여 장의 사진과 70여 개의 이야기로 험난한 시대를 사는 청춘들에게 따뜻한 공감을 선물하는 사진 에세이. 초청 개인전을 열 정도로 뛰어난 사진 실력을 갖춘 작가의 사진과 페이스북에서 수많은 사람들의 사랑을 받은 글이 이 책의 가치를 더욱 높여준다.

우근철 지음 | 200쪽 | 138×190mm | 13,000원

아일랜드에 바람이 불었다 내 마음에 파도가 일었다

서유럽의 작은 나라 아일랜드를 소개한 여행 에세이. 4명의 노벨문학상 수상자를 배출하고 록스타 U2, 영화 〈원스〉를 탄생시킨 예술의 나라, 흑맥주 기네스, 제임슨 위스키를 만드는 낭만의 나라 아일랜드 곳곳을 천천히 돌아본다.

심는희 지음 | 304쪽 | 150×215mm | 13,000원

신이 숨겨둔 마지막 여행지

언젠가는, 페루

천혜의 자연과 유구한 역사가 한데 어우러진 낭만의 여행지 페루. 수도 리마, 와카치나 사막, 쿠스코, 마추픽추, 티티카카 호수, 그리고 숨겨진 역사, 경제, 문화 등 페루 여행의 모든 것을 한 권의 책에서 만난다.

이승호 지음 | 240쪽 | 146×205mm | 13,000원

누구나 한 번쯤 꿈꾸는 그곳

언젠가는, 터키

터키 여행 에세이 겸 가이드북. 신비로움을 간직한 도시 이스탄불, 웅장한 자연경관에 놀라게 되는 파묵칼레와 카파도키아, 여유로움을 만끽할 수 있는 지중해…. 터키 여행의 모든 것을 한 권에 담았다.

장은정 지음 | 264쪽 | 146×205mm | 13,000원

6년차 뉴요커가 알려주는 핫 스팟

로사의 뉴욕 훔쳐보기

6년차 뉴요커가 소개하는 뉴욕 여행책. 뉴욕을 테마별로 나누어 여행 목적에 맞게 계획을 짤 수 있다. 또한 저자가 알려주는 뉴요커들만 알고 있는 이벤트, 문화 등을 즐기다 보면 뉴요커가 된 기분을 느낄 수 있을 것이다.

김로사 지음 | 328쪽 | 146×205mm | 13,000원

지브리에서 슬램덩크까지, 애니메이션으로 만나는 또 다른 일본

낭만 레트로 일본 애니여행

애니메이션에 등장하는 장소와 만화가들의 흔적을 찾아보는 신개념 테마 여행. 남녀노소 누구나 좋아하는 일본의 애니메이션 포인트 11곳을 담았다. 여행지 정보와 주변 관광지도 함께 소개해 처음 방문하는 사람이라도 즐겁게 떠날 수 있다.

윤정수 지음 | 208쪽 | 138×190mm | 12,000원

아침 5분, 저녁 10분

스트레칭이면 충분하다

몸은 튼튼하게 몸매는 탄력있게 가꿀 수 있는 스트레칭 동작을 담은 책. 아침 5분, 저녁 10분이라도 꾸준히 스트레칭하면 하루하루가 몰라보게 달라질 것이다. 아침저녁 동작은 5분을 기본으로 구성, 좀 더 체계적인 스트레칭 동작을 위해 10분, 20분 과정도 소개했다.

박서희 지음 | 88쪽 | 215×290mm | 8,000원

아기는 건강하게, 엄마는 날씬하게

소피아의 임산부 요가

임산부의 건강과 몸매 유지를 위해 슈퍼모델이자 요가 트레이너인 박서희가 제안하는 맞춤 요가 프로그램. 임신 개월 수에 맞춰 필요한 동작을 자세히 소개하고, 통증을 완화하는 요가, 커플 요가, 산후 요가 등도 담았다. 30분 요가 프로그램 DVD도 있다.

박서희 지음 | 176쪽 | 182×235mm | 12,000원

Body Shape & Healing

그녀들의 심플 요가

몸매도 가꾸고 정신적, 신체적 증상도 치유하는 요가 자세를 알려주는 책. 탄력 있는 몸매, 스트레스 해소, 건강, 치유, 해독, 심리 안정 등에 효과 있는 48가지 자세를 소개한다. 심플한 구성과 정확하고 상세한 그림 설명이 특징이다.

에이미 루이스 지음 | 136쪽 | 170×220mm | 12,000원

쉬운 재단, 멋진 스타일

내추럴 스타일 원피스

직접 만들어 예쁘게 입는 27가지 스타일 원피스. 모든 원피스마다 단계별, 부위별로 자세한 과정을 일러스트로 설명해준다. S, M, L 사이즈로 나뉜 실물 크기 패턴도 함께 수록되어 있어 재봉틀을 처음 배우는 초보자라도 뚝딱 만들 수 있다.

부티크 지음 | 112쪽 | 210×256mm | 10,000원

유럽 스타일 핸드메이드 소품 & 액세서리

태팅레이스 레시피

사랑스럽고 세련된 태팅레이스 DIY 북. 목걸이, 귀걸이, 팔찌부터 가방, 벨트, 컵받침까지 유럽 스타일의 핸드메이드 액세서리와 소품이 가득하다. 기초부터 다양한 테크닉, 작품 만들기까지 사진과 그림을 곁들여 자세히 설명하고 있어 초보자도 쉽게 따라 할 수 있다.

페이코 지음 | 128쪽 | 182×235mm | 12,000원

트러블 · 잡티 · 잔주름 없는 명품 피부의 비결

홈메이드 천연화장품 만들기

피부를 건강하고 아름답게 만들어주는 홈메이드 천연화장품 레시피 북. 클렌저, 로션, 세럼, 팩, 보디 케어, 비누, 목욕 용품 등 고급스러운 천연화장품 35가지가 담겨 있다. 단계별 사진과 함께 자세한 설명으로 누구나 쉽게 만들 수 있고, 사용법도 친절하게 알려준다.

카렌 길버트 지음 | 152쪽 | 190×245mm | 13,000원

산부인과 의사가 들려주는 임신 출산의 모든 것

똑똑하고 건강한 첫 임신 출산

임신 전 계획부터 산후조리까지 현대를 살아가는 임신부를 위한 똑똑한 임신 출산 교과서. 20년 산부인과 전문의가 인터넷 상담, 방송 출연 등을 통해 알게 된, 임신부들이 가장 궁금해하는 것과 꼭 알아야 것들을 알려준다.

김건오 지음 | 304쪽 | 190×230mm | 15,000원

언제 어디서나 갖고 다니며 펼쳐보는

임신 출산 핸디북

가방 속에 갖고 다니면서 볼 수 있는 작은 크기의 임신 가이드북. 임신 준비부터 출산 직후까지 07개 챕터로 나누어 임신부가 알아야 할 기본 상식을 차근차근 알려준다. '의사의 한마디', '아빠만 보세요' 등 팁 정보도 가득 담겨 있다.

사라 조던 · 데이비드 우프버그 지음 | 서예진 옮김 | 240쪽 | 140×185mm | 12,000원

똑똑한 엄마의 선택

닥터맘 이유식

생후 4개월부터 36개월까지 단계별로 꼭 필요한 영양을 담은 건강 이유식 레시피. 미음부터 죽, 진밥, 덮밥, 국수, 샐러드, 국, 반찬 등 다양한 이유식과 유아식을 담았다. 차근히 따라 하면 건강하고 튼튼하게 키울 수 있다.

닥터맘 지음 | 216쪽 | 190×230mm | 13,000원

영양사 엄마와 소아과 원장이 함께 차리는 영양 밥상

우리 아이에게 꼭 먹이고 싶은 유아식

영양사 출신의 엄마와 소아과 원장이 함께 소중한 우리 아이를 위한 맛깔 나는 영양 만점 유아식을 완성했다. 아이의 건강을 위해 꼭 필요한 반찬부터 생일상 차리기까지 완벽한 유아식 레시피 120가지를 골고루 담았다. 소아과 전문의의 영양 가이드도 유용하다.

박효선 · 서정호 지음 | 256쪽 | 190×230mm | 13,000원

건강하고 예뻐지는 증상별 맞춤 주스

생생 비타민 주스

감수 | 이승남(가정의학과 전문의)
요리 | 김경미(푸드 앤 스타일)
사진 | 신명우
촬영 진행 | 주연욱 이정은

편집 | 김연주 김은정
디자인 | REM chang mei
영업관리 | 이진목 황기철
경영관리 | 박태은

초판 1쇄 | 2013년 8월 1일
초판 3쇄 | 2016년 1월 25일

발행인 | 이진희
발행처 | 리스컴

주소 | 서울시 서초구 강남대로79길 2번지 4층
전화번호 | 02-540-5192(경영관리부)
02-544-5934, 5944(마케팅부)
02-544-5922, 5933(편집부)
02-540-5193(미술부)
FAX | 02-540-5194
등록번호 | 제 2-3348
홈페이지 | www.leescom.com

ISBN 978-89-91193-97-0 13590
값 9,800원
※이 책은 〈매일매일 건강주스〉의 개정판입니다.